© 삼우실

문미선

은석초등학교	졸업
이화여자중고등학교	졸업
한국 외국어대학교	학사
독일 함부르크대학교	수학
미국 미시간대학교	석사
독일 자를란트대학교	수학
미국 미시간대학교	박사
미국 그린마운틴대학	강의교수
독일 슈투트가르트대학교	연구교수
미국 미시간대학교	연구교수
독일 뷔르츠부르크대학교	연구교수

한국독어학회 회장
한국독어독문학회 회장
서울여자대학교 독어독문학과 명예교수

《파랑새를 만난 한국인》(2019)

미래교육, 최고에서 최적으로

미래교육, 최고에서 최적으로

1판 1쇄 인쇄 2020년 7월 17일
1판 1쇄 발행 2020년 7월 24일

지은이 문미선
펴낸이 정용철
편집인 김보현
펴낸곳 도서출판 북산

등록 2010년 2월 24일 제2013-000122호
주소 서울시 강남구 역삼로 67길 20, 201호
전화 02-2267-7695
팩스 02-558-7695
홈페이지 www.glmachum.co.kr
이메일 glmachum@hanmail.net

ISBN 979-11-85769-30-1 03370

ⓒ 2020년 도서출판 북산 Printed in Korea.

도서출판 북산의 책을 구입해 주시고, 읽어 주신 독자님께 감사의 마음을 전합니다.
이 책은 저작권법에 따라 보호받는 저작물이므로 무단 전재와 복제를 금합니다. 이
책 내용의 전부 또는 일부를 이용하려면 반드시 저작권자와 북산의 동의를 받아야 합
니다. 책을 읽은 후 소감이나 의견을 보내주시면 소중히 새기겠습니다. 감사합니다.

잘못된 책은 구입하신 곳에서 교환해 드립니다. 책값은 뒤표지에 있습니다.
도서출판 북산은 독자 분들의 소중한 원고 투고를 기다리고 있습니다.

2세대 AI와 21세기 인간형

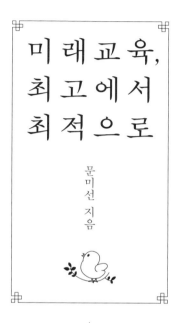

미래교육,
최고에서
최적으로

문미선 지음

북산

"

이 책은
AI의 실용주의를 주시하며
현대과학의 업적 위에서
고교학점제의 성공을 위한
최적 방안으로
교육전문대학원 설립을 제안합니다.

고교학점제는
우리가 근대산업방식의 교육과
이별하는 계기가 되고
그 변화가 학교뿐 아니라
개인 일상에도 미쳐
뜨겁게 주목해야 할 주제입니다.

5개의 핵심어를 기억해 주십시오.

· 진화
· 최적
· 실용주의
· 고교학점제
· 교육전문대학원

"

차례

목차

교육부가 2025년 고교학점제 전면 도입을 발표하였습니다.

그런데 이와 관련해 다소 당황스러운 통계 자료를 보았습니다.

교사들의 고교학점제에 대한 인식이 74.1%(반대 36.1%+유동 38.0%)가 부정적이며, 긍정적(찬성 25.9%)이라 하더라도 성취평가제, 이수학점, 대입 수능의 연계, 교과 강사 충원, 시설 인프라 등을 이유로 회의적이라 답했습니다. 교사 중에는 고교학점제를 단순히 학생의 교과목선택권 강화 정도로 알고 있거나, 이 제도 자체를 '전혀 모른다'는 응답자도 34%에 달했습니다.[1]

놀랍지 않습니까?

자신이 책임을 맡은 토대의 틀이 바뀌는데 이 제도를 전혀 모르기 때문에(34%), 반대(36.1%)하거나, 유동적(38%)인 태도를 보이다니요.

무심하다는 생각이 들었습니다.

만일 젊은 친구였다면 밤을 새워 검색 사이트를 뒤져서라도, 새로 도입하는 제도에 '전혀 모른다'로 답하지는 않았을 것 같습니다. 저는 바로 여기에 근원적인 토론이 절대적으로 필요하다는 문제의식을 갖게 되었습니다.

여러분은 고교학점제에 대해 아시나요?

만일 모른다면, 반드시 공부하시면 좋겠습니다.

그 이유는 우리가 지난 세기 교육의 폐해라고 줄기차게 외

쳐왔던 암기주입식의 문제풀이와 마침내 이별하고, 그 여파로 우리의 의식과 문화에 엄청난 변화를 예고하고 있기 때문입니다. 그래서 고교학점제는 관련 학생이나 학부모뿐 아니라, 소외되기를 원치 않는 전 국민의 뜨거운 관심사일 수밖에 없습니다.

새로운 제도의 수용은 늘 겁이 나고 두렵습니다.
어떻게 하면 될까요?

그 '노하우'를 이번 코로나를 경험하며 확실히 알게 되었습니다.
전문가의 말을 경청하여 신뢰의 판단이 서면, 자신의 의지로 사회적 합의에 참여하며 신속하게 자신의 행동을 실천으로 옮기면 됩니다.

이럴 때 사실과 맥락조차 파악하지 않은 채, 무조건 반대하거나 거부하는 태도로 저항하는 것은 어리석습니다.

정치 불신 때문인지, 정권이 바뀌면 고교학점제의 시도 자체가 무산될지 모른다는 기사도 보았습니다. 유감스럽게도 그런 일은 없을 것 같습니다. 지난 대선 때 5개 정당이 한결같이 고교학점제를 주요 교육공약으로 내세웠습니다.

고교학점제는 진화하는 제도라는 것을 잊지 말아야 합니다.

진화는 뒤로 돌아갈 수 없습니다.
과거의 불완전했던 토대 위에 새로운 것을 쌓아야 하고, 말끔하게 시작하지 못해 많은 딜레마와 마주하게 됩니다. 그래서 우리는 최선 속에서 최고가 아닌 최적을 찾을 각오로 해법을 찾아가야 합니다.

  그런데 이걸 다행이라 해야 할지.
  고교학점제는 미국에서 전 세계로 퍼져나간 제도인데 우리나라는 세계 어디보다 미국화가 되어 있습니다. 우리 후속 세대의 우수성을 굳게 믿고 미국의 실용구성주의를 유지한 채, 그 위에 우리의 독창성을 얹는 방법으로 제도운영을 모색해 나아가야겠습니다. 진화는 옛것 위에 새로운 것을 쌓아 올리는 방식이니, 어르신들도 이 흐름에는 큰 무리 없이 적응하실 것 같습니다.

  단지 풀어야 할 과제가 하나 더 남아 있습니다.
  교사의 전문성 문제입니다.

선생님들은 자신을 교육전문가로 생각하지만, 사회 일반적 기준에서 이를 가감 없이 인정하기에 미약한 부분이 있습니다. 그래서 교사의 절대평가가 시행될 경우 '공정성 시비'가 뒤따르지 않을까 우려됩니다. 이는 선생님 각자의 노력으로 해소될 문제는 아니며, 교사 공동체의 생태계가 자가능력으로 재조직되어 순환할 수 있도록 구조적 제도의 뒷받침이 필요합니다.

이 책에서는 고교학점제 도입을 큰 틀에서 동의하며, 이 제도가 미래지향적으로 안착하도록 교사 자질의 향상을 위한 교육전문대학원의 조속한 설립을 제안하고자 합니다.

1장

코로나

교육을 생각하다

전염의 시대[2]

코로나의 공격은 강렬했습니다.
바이러스가 2020년을 열다니!

익숙한 증후들(발열 기침 복통에 후각 미각의 상실, 길랑－바레 증후군까지)을 보이는 코로나19는 엄청난 변이형을 만들며, 계속해서 세계의 과학자들을 괴롭히고 있습니다. 어떤 연구결과에서는 온도 21~24도, 습도 80% 이상이면 바이러스가 2분밖에 버티지 못한다고 하였죠. 그렇다면 덥고, 습하고, 햇볕이 풍부한 싱가포르와 말레이시아의 경우는 어떻게 설명해야 하나요. WHO는 이를 두고 팩트가 아니라고 못 박았습니다.

가장 극심한 공포는 보이지 않는 무차별적 공격에서 나옵니다.

하지만 코로나가 정체를 드러낸 이상, 인간은 이것을 반드시 잡습니다.

시간이 문제일 뿐이죠.

코로나가 빠르게 확산할 때, 자고 일어나면 다른 나라 확진자를 확인하는 버릇이 생겼습니다.

그러면서 "처한 여건에 따라 대응하는 방식이 나라마다 정말 다르구나!"라고 실감하였죠.

"남의 방식을 무조건 따라 하거나 곧바로 이식하려 해서는 안 된다"라는 소중한 교훈도 확인하였습니다.

지난 세월 우리는 미국식, 유럽식, 일본식이 우리보다 앞서 간다고 인정하였습니다. 그런데 코로나에 대항하여 우리 실정에 맞게 우리의 창의적인 방식으로 최선을 다해 싸웠더니, 세계가 주목하는 나라가 되어 찬사가 쏟아졌습니다. 이색적인 경험이랄까요. 헌신적이고 우수한 K-방역의 의료진에게 감사하며 차오르는 자부심으로 대한민국 만만세입니다.

코로나로 일상이 바뀌면서
우리가 진화하고 있습니다.

진화는 새로운 시작이 아니라
옛것 위에 쌓아 올리는 방식입니다.

― 진화는 최적의 선택으로 中

진화는 최적의 선택으로

코로나로 일상이 바뀌다 보니 우리가 진화하고 있습니다.

이미 우리 옆에 바싹 다가와 있었는데도 무심했던 것들이 보이기 시작했고, 알고 있었더라도 귀찮아서 회피했던 일들이 새로운 의미로 다가오고 있습니다.

코로나가 안정되더라도 예전의 우리로 돌아가지 못한다는 것은 누구나 알고 있습니다.

진화라는 말이 앞으로 나아갈 뿐 뒤돌아 가지 않는다는 뜻을 품고 있으니까요. 그래서 어르신들은 이 흐름에 적응하지 못하고 뒤처져서 결국 일상조차 불편해지는 것은 아닐까 우려하고 있습니다.

하지만 진화라는 말이 모든 것을 새롭게 시작한다는 뜻은
아닙니다.

옛것 위에 쌓아 올리는 식으로 전개되는 것이죠.

코로나와 같이 근간이 흔들리는 역사적 사건이 터지면 많은
틈새가 보여, 아예 처음부터 말끔히 시작하는 것이 낫지 않을
까 하는 생각이 들기도 합니다. 그렇더라도 진화의 가능성은
결국 이전의 것에 제약을 받을 수밖에 없습니다.

그래서 '최적(optimal)[3]'이라는 말이 요즘 가장 뜨겁습니다.

컴퓨터가 작동하는 방식이어서 젊은이들에겐 익숙한 말이지요. 하지만 최고에 대한 집념을 평생 불태우며 커다란 허상의 풍선을 띄워 놓고 주위 사람들에게 최선을 다했느냐며 볶아대던 사람에게는 낯선 단어입니다.

최적은 최고가 아닙니다. 완벽하지 않을 수 있습니다.

진화는 자연선택과 자연도태로 이루어집니다. 이를 언덕 오르는 과정으로 묘사한다면, 여러 설계 중에 최선의 것을 취할 확률은 높겠죠. 그렇다고 이것이 최고의 설계를 보장하지는 않습니다. 때로 최적이라고 부르는 어떤 것들은 수준 이하여서 실망스러울 때도 있습니다. 하지만 진화의 과정에서 더 나은 방법을 찾지 못했다면, 일단 그 단계는 매듭을 짓고 다음을 약속하며 앞으로 나아가야 합니다.

되돌아보면, 그때 그랬더라면 얼마나 좋았을까 하는 결과물도 있습니다. 인간의 척추는 누가 보아도 두 발로 선 채 몸무게를 견디기에 엄청나게 부담이 됩니다. 진화 과정에서 하나의 기둥 대신에 여러 개의 기둥이 몸 전체를 든든히 받쳐 주었다면 분명 많은 질병을 막았겠죠. 하지만 역사유전학자들은 그건 불가능했다고 합니다.

인간의 척추구조는 네발짐승에서 진화하였기 때문에 아예 일어서지 못하는 것보다 불완전하나마 직립보행을 하여 두 손으로 도구를 사용하며 인류는 생존할 수 있었기 때문입니다.

인간의 세계는 불완전한 것으로 가득 차 있습니다.
진화의 과정에서 더 나은 방법을 찾지 못해 취할 수밖에 없었던 산물들이 쌓여 지금의 나를 이루고 있죠. 그리고 오늘도 우리는 그 불완전의 딜레마에 기초해서 새로운 창조물을 쌓아 올릴 수밖에 없습니다.

그래서 진화는 우리에게 겸손하고 관대할 것을 권합니다.

비록 완벽하지 않아도 지치지 않고 최적을 선택하며 작은 성공, 큰 성공을 쌓아가는 것이 진화의 방식이니까요. 자신의 과제에 책임을 지고 일을 해결하려다 보면, 누구나 복잡한 세계에 마주치게 됩니다. 그래도 도전하며 한 발자국씩 앞으로 나아가다 보면, 어느 날 해결의 실마리를 발견해 빅뱅이 터지는 것은 아닐까요.

21세기 교육을 생각하다

　코로나로 아이들이 학교에 갈 수 없자 교육문제가 뜨거워졌습니다.

　반가운 일입니다.

　드디어 교육에 관한 진지한 논의가 가능해진 것은 아닌가 하는 생각이 듭니다.

　선생님들은 짧은 시간 안에 콘텐츠를 만들어야 하는 부담이 이만저만이 아닌데, 학생들은 학원 일타강사 선생님이나 EBS 선생님의 완제품 수업에 익숙해져 혼돈은 가중되고 있습니다. 학사일정들이 꼬이는 문제도 가볍지는 않지만, 그건 행정적으로 해결해 나가면 됩니다.

SAT = 입시표준시험
자료: 교육부, 경기도교육연구원

그보다 2020년부터 문재인 정부의 교육공약 1호였던 고교학점제가 마이스터 고등학교에서 시행되며, 이 제도를 둘러싼 논란이 재점화되고 있는 듯합니다. 특히 지난해 조국 사태를 겪으며 우리나라 국민은 그 어떤 가치보다 공정성 훼손을 무엇보다 싫어한다는 면이 입증되어, 고교학점제가 시행되면 자연스럽게 따라오는 교사의 절대평가를 우리나라 학생과 학부모가 과연 아무런 문제없이 수용할 수 있을지 우려를 낳고 있습니다.

교육부가 만든 흐름도의 평가 부분을 보면, 과정 중심으로 학생의 성취도에 따라 교사가 개별평가(절대평가)를 한다고 되어 있습니다. 고교학점제를 시행하고 있는 국외사례를 보면, 고등학교 졸업요건이 학점 이수(내신 절대평가)와 졸업시험으로 되어 있는 것을 볼 수 있죠. 우리나라가 출석 일수만 충족하면 성적(상대평가)과 관계없이 졸업장을 수여하는 것과 대비됩니다.

고교학점제는 학생선택권이라는 좋은 취지에서 출발합니다.

그렇더라도 이 제도의 운영과정에서 성적이 부진한 학생이 낙제(미이수)로 판정받고 보충프로그램에 들어가서, 학점 부족으로 고등학교 3학년을 마치고도 졸업하지 못하는 현실을 우리나라 학부모들이 쉽게 받아들일 수 있을까요? 또 상처를 받을 학생들은 어떻게 될지 가름하기가 쉽지 않습니다.

절대평가는 그런 의미입니다. [4]

모든 평가가 교사의 손에서 이루어지며, 국민의 기초적인 학력저하를 막기 위해 유급제도는 함께 따라갈 수밖에 없습니다.

코로나 방역을 바라보며 세계가 바이러스를 물리쳐야 한다는 목표는 하나였지만, 대처방식이 나라마다 다르고 그에 따른 성공 여부도 갈라지는 것을 목격하였습니다.

방역은 생존이 달린 문제이니 우리 국민이 생활수칙을 잘 따랐다는 평가도 있지만, 그보다는 대다수 국민이 그 지침이 옳다고 판단했기 때문에 국민적 합의가 이루어지는 데 큰 어려움이 없었다고 봅니다.

　교육은 당장 안전이 위협받거나 먹고사는 문제가 걸려 있지 않아 논의가 끓어올랐다가 다시 관심 밖으로 사라지기를 반복하고 있습니다. 많은 가정이 내 아이가 교육의 소용돌이에 들어가 있을 때는 초집중하지만, 그 시기가 끝나면 골치 아파하며 회피하려는 분야이기도 합니다.

　하지만 고교학점제에는 주목해야 합니다.
　이 제도가 우리나라의 근대 산업화 시대를 마무리하고 정보기술시대로 넘어가는 분기점이 될 것이기 때문입니다.

어떤 아이도, 어떤 부모도
제도에서 소외되어
절망하지 않도록 막아야 합니다.

우리가 고교학점제에
주목해야하는 이유입니다.

— 교육을 생각하다 中

고교학점제의 도입은 일상에도 변화를 예고하고 있어, 그저
교육부에 맡겨놓고 또 하나의 불완전한 진화의 산물로 쌓아갈
사안은 아닙니다.

　　이 제도의 발전과정을 살펴보면, 불완전한 원인을 찾을 수
있어 우리가 도입할 때 개선할 수 있는 희망을 발견할 수 있습
니다. 더 나아가 우리 국민의 독특한 성향과 문화적 흐름의 주
요변수도 놓치지 않는다면 크고 작은 관점들이 역사적 기호로
나타나, 이 제도를 올바로 세우는 강력한 단서가 될 것입니다.

한 번 상자 밖에서 생각해 보려 합니다.

고교학점제가 어떻게 시행되고 있는가의 이해를 넘어, 이 제도가 어떻게 하면 달리 존재할 수 있을까 제시해 보려 합니다.

진화의 방식은 작은 선택들이 모여 격차를 이루고, 그 진행 과정에서 우리가 놓쳐서는 안 되는 일들이 있지 않겠습니까? 그것은 어떤 아이도, 어떤 부모도 이 제도에서 소외되어 절망하거나 불행해지지 않도록 막아야 합니다. 자, 출발해 볼까요?

2장

변화

한국부모

한국부모의 근심

한국부모의 가장 큰 근심은 무엇일까요.

자신이 가진 제약이 혹시라도 자녀에게 걸림돌이 되지는 않을까 노심초사하지는 않을까요.

학부모들은 어쩌면 아이가 기대하는 요구(금전, 시간, 학식, 환경 등)를 충족시켜주지 못해 미안하고 안타까워할지도 모르겠습니다.

한국부모는 흔히 교육열이 높다고 합니다.

하지만 북유럽의 몇 나라들을 제외하고는 세계의 부모들도 아이에게 집중교육을 선택하기는 마찬가지입니다.

한국부모의 가장 큰 근심은 무엇일까요?
아이들의 교육과 교육 시스템일 것입니다.

행복하지 않은 아이들의 상황 속에서
고군분투할 수밖에 없으니까요.

― 한국부모의 근심 中

가오카오라는 대학입학시험 한방에 아이의 모든 미래가 걸려 있는 중국을 포함하여, 소수만 입학 가능한 프랑스의 엘리트 교육기관 그랑제콜에 입학을 준비하는 프랑스의 일부 상위층도 아이가 아주 어렸을 때부터 교육에 총력을 기울여 자신들의 성곽을 공고히 하고자 노력합니다. 미국은 오랜 역사를 자랑하는 명문 대학들이 여전히 매력을 뽐내고 있어, 미국의 부모들은 아이의 교육에 뛰어들어 치열하게 경쟁할 수밖에 없는 훌륭한 견인 역할을 하고 있습니다.

아이가 좋은 대학을 나와야 미래가 보장되어 탄탄대로를 걸을 수 있다고 믿는 부모들은 오늘도 아이를 좋은 대학에 보내려 온 힘을 쏟고 있습니다.

그런데 잠시 멈추어 생각하다 질문이 떠올랐습니다.

"지금의 교육시스템은 우리 것이었나? 아니라면, 어떤 경로로 우리에게 오게 되었을까?"

더욱이 우리의 교육제도가 진화해 오는 가운데 아이들은 행복하지 않고 부모의 일상은 스트레스라고 하니, 그 경로를 한 번 헤아려 볼 필요가 있겠습니다. 그렇지 않으면 계속 시스템 속에 갇혀 주어진 상황에서 고군분투할 수밖에 없으니까요.

한국교육의 기원

현재 우리의 교육시스템에는 일본의 잔재가 조금 남아있기는 하지만 큰 틀은 미국에서 가져온 것입니다.

우리 것을 알기 위해 다른 나라의 학교제도를 탐색해야 한다는 것이 다소 씁쓸하기는 하지만 우리의 것을 세우기 위해 기꺼이 미국 교육시스템의 기원을 알아봅시다.[5]

미국 대학시스템의 기원

우리가 현재 마주하고 있는 미국대학의 교육시스템은 1960대 초 예일대학의 킹맨 브루스터(Kingman Brewester)에서 시작됩니다.

그는 미국이 세계 강국의 지위를 유지하려면 특권의식에 젖어 게을러진 명문가 자녀가 아니라, 엘리트 학생들이 지도자의 집단에 좀 더 쉽게 접근할 수 있어야 한다는 것을 깨달았습니다.

그래서 신입생 선발기준에 대학수학 능력을 대폭 강화하여 '균형 잘 잡힌 인간'이라는 이상형 대신에 '똑똑한 전문가'를 선호하는 입시제도로의 개편을 주장하였죠. 이는 미국이 더는 계급이나 출신지가 아니라 점수와 등급으로 대학 신입생을 선발하고, 실력을 중시하는 사회로 가는 전환점을 맞이하게 되었습니다.

브루스터 이전의 미국 교육시스템을 거슬러 올라가 보면, 영국 귀족계급에서 미국 신흥 상류층으로 탈바꿈한 이민자들은 자녀를 피더스쿨(Feeder School: 특정 대학을 목표로 진학을 준비하는 학교)에 보내 미국 빅스리(하버드, 예일, 프린스턴)에 진학하는 것을 목표로 삼았습니다.

이 학생들은 어느 지역 출신이건 상관없이, 상류층이라는 서로의 동질감을 가지고 그들만의 사회적 관습과 연대감을 다져서 졸업 후에는 자동으로 사회의 리더자격을 부여받게 되었습니다.

그런데 이 제도에는 커다란 불평등이 존재하였어요. 빅스리의 입시에는 고전어(그리스어와 라틴어)를 포함하고 있어 이를 공립학교에서 배우지 못한 학생들은 철저하게 배제되었습니다. 특권의 보호 속에서 게을러지는 피더스쿨 졸업생들의 성적이 곤두박질치자, 빅스리는 고전어 필수를 입시에서 완화하는 방향으로 자격조건을 바꾸게 됩니다. 그러자 전 세계에서 학구열이 가장 높다는 유대인 수가 급증하게 되었죠.

이에 크게 당황한 대학들은 온몸으로 이를 거부하며, 바로 여기에 시험 이외의 자격요건(추천서, 면접, 운동선수와 고등학교 리더 출신 우대, 졸업생 자녀나 고액 기부자 특별 우대 등)을 추가한 더욱 정교해진 신입생 선발기준을 만들게 되었습니다.

어떤 대학은 사진을 요구하기도 하고, 면접에서 외모, 태도, 말투 같은 외적 특성을 살피며 자신의 대학에 부합되는지 교묘하게 점수로 환산하기도 했어요. 수학능력에 대한 점수는 다시 한번 평가절하되었고, 복잡한 절차를 강화하려는 입학관리처가 생겨났죠. 그 사이 프랩스쿨(Preparatory School: 빅스리의 입학을 목표로 하는 미국의 사립학교)들이 전열을 가다듬게 되어, 표면적으로는 큰 변화가 일어나지 않았습니다.

모두가 경주로 뛰어들다

그러다 앞서 말한 브루스터가 1965년 예일대학 총장이 되자 시스템 혁명이 일어났습니다. 바로 이것이 현재 우리가 마주하고 있는 학생부 종합전형입니다.

대학들은 기존의 입학조건에 훨씬 더 많은 것을 첨가하여 완벽한 내신성적, 높은 SAT(입시표준시험) 성적, 교외 활동의 증명서, 더 많은 AP(대학이 특정 과목을 선이수한 고등학생에게 시험을 치르고 주는 점수 증명서)등 바야흐로 물샐 틈 없는 관리체계를 마련하였죠.

"자, 이제는 실력사회입니다."
신호탄이 터지자 모두가 일제히 경주로 뛰어들었습니다.

1970년대 중반부터는 SAT 점수가 학생들의 총체적인 강박증이 되어 미국을 휩쓸었습니다. 학사학위를 받는 젊은이가 늘어나고, 불평등 사회의 골이 더욱 깊어지자 학생과 학부모의 좋은 대학에 대한 갈증은 더 높아져 갔어요. 고등교육의 상업 시장은 놀라운 속도로 팽창하였고, 경쟁 대학보다 우위를 선점하려는 대학들은 다양한 조기입학 프로그램도 내놓았습니다.

이 상황에 미국의 시사주간지 《유에스 뉴스 앤 월드 리포트》가 불을 질렀죠.

1983년 최초로 대학 평가순위를 공개하며, 오랫동안 개별 교육기관의 권위로 상징되었던 입학통계를 발표해 버린 것입니다. 1987년 대학 총장단은 몇 년을 인내하다 대학순위의 공개중단을 요청했지만, 때는 이미 늦어버린 후였죠. 입시 열풍은 더욱 타오르고, '대학 광풍'은 진짜 독성을 뿜는 전염병과 같이 퍼져 미국의 대학경쟁체제는 학생들의 부담이 커지는 방향으로 나빠지고 말았습니다.

미국 고교학점제 시스템의 기원

'개인 특성에 따라 선택한 교과목을 중심으로 교육을 해야한다'는 고교학점제의 실험은 1894년에 이미 시작되었습니다. 이 실험은 '아이들을 위한 진정한 학교다! 지역사회를 위한 민주주의 학교다!'라는 긍정적 반응과 '아이들을 방치하는 잘못된 방식이다! 혼란스럽고 도덕적이지 못하다!'라는 부정적 반응이 엇갈리면서 결국 중단하게 되었습니다.

그러다 1933~1941년 존 듀이가 속한 진보주의교육협회(PEA)를 중심으로 연구학교를 세우고 8년의 실험을 계속한 끝에, 마침내 새로운 방식이 기초학력을 저하한다는 의문을 해소하고 학업에 아무 지장이 없다는 것을 밝혀냈습니다. 그 이후 1960년대에 미국에서는 학생 중심의 고교학점제가 광범위하게 확산하였고, 영연방국가들(영국, 캐나다, 호주, 뉴질랜드)과 유럽의 여러 나라가 1970~1990년에 걸쳐 채택하였어요.

우리의 교육시스템의 큰 틀은
미국에서 가져온 것입니다.

미국의 고교학점제는 1960년대
기초학력을 저하한다는
부정적인 의견을 잠재우고
광범위하게 확산되었습니다.

— 한국교육의 기원 中

아시아에서는 2005년 싱가포르가 고교학점제를 채택하였습니다.[6]

알고 보면 최근 학습방식이라고 알려진 프로젝트 – 기반 학습(PBL)도 명칭은 새로울지 몰라도 사실상 매우 오래된 것입니다. 그 개념은 포스트모더니즘으로 돌아온 구성주의 인식론에 근거하니까요.

선생님은 학생이 학습을 구성하도록 경험을 제공하는 촉진자입니다. 학생은 자신의 지식을 끊임없이 구성하며 선생님, 친구들, 학습환경과의 교류를 통해 지식을 만들어가는 주체입니다. 그러니까 학생은 실제적인 것을 질문하고 탐구하면서, 선생님과 친구들의 도움을 받아 스스로 지식을 깨우쳐 성장해 나가는 과정을 말하는 것입니다.

현대교육에서 가장 중요한 비판적 사고는 지식이 절대적인 것이 아니고 수정 가능한 상대적인 것일 때 생겨납니다. 학생들은 환경과의 접촉에서 지식을 얻게 되고, 선생님과 친구와 협업해 나가면서 상상력을 토대로 창의성을 얻게 됩니다.

　암기 주입식 문제풀이와 참으로 거리가 느껴지죠?

　교육은 밖에서 제시되어서는 안 되고, 학생의 개인적, 사회적 삶 속에서 새로운 것에 대처하기 위한 문제해결 능력을 경험하는 과정이어야 한다는 목적이 근대산업주의 교육방식으로는 도저히 불가능하여, 고교학점제에 주목하게 된 것은 아닐까요?

한국의 교육시스템

우리나라 베이비부머 세대가 교육에 목숨을 걸었다면, 1990년부터 미국시스템을 본격적으로 경험한 밀레니얼 세대는 양육방식에서 더욱 미국식으로 진화해 가고 있습니다. 우리나라에는 해방 이후 귀족계급이 존재하지도 않고 한국전쟁으로 한반도 전체가 뒤섞이다 보니, 학벌이 권력이 되었다는 이야기를 많이 듣습니다.

아이나 부모의 행복은 오직 하나.

대학을, 그것도 유명한 대학을, 그중에서 안정된 직업이 미래를 보장한다는 의대 입학이 계급이동을 강력하게 원하는 중상류층의 지상목표가 되어버렸습니다.

미국의 지식인들은 고등학교 졸업생 중 10~15%인 40만 명의 아이들이 해마다 명문대 관문을 통과하려 경쟁에 내몰린다고 한탄하지만, 우리는 어떤가요. 태어나면서부터 경쟁에 내몰려 성적으로 줄을 서고 자존감은 때로 바닥을 쳐서 아이들뿐 아니라 부모도 우울증에 시달리고 있지는 않은가요.

예전엔 자식이 공부를 잘하면 기쁘고 대견했죠.
오늘날의 부모는 거기에서 끝나지 않습니다.

직간접적으로 미국 제도를 접한 오늘의 부모들은 입시 제도에 눈부시게 적응하여, 능력이 권력이 되는 사태까지 벌어지고 있죠. 이제는 자식이 잘되기를 염원하기보다는 내 손으로 자식을 잘되게 만들 수 있다는 일념으로 부모들이 입시전쟁에 적극적으로 뛰어들며 분주하게 움직이고 있습니다.

우리나라 가정에서 체벌을 가하는 독재적 방식은 대부분 사라졌지만, 헬리콥터 맘들은 아이의 주위를 끊임없이 맴돌며 아이에게 압력을 가하고 아이를 지휘 감독합니다. 학교가 끝나면 학원에 가고, 학원에서 돌아오면 아이가 할 일을 함께 챙기고, 주말에 할 일을 지정해 주고, 여름방학에 할 일은 미리 계획하는 등 한국의 부모는 아이와 함께 날아다닙니다.

부모님 나라엔 의사만 살아요!

모두가 똑같은 목표를 가지고 거대한 조류처럼 흘러가니, "나만 거기에서 소외되면 어떻게 하나?" 하는 두려움을 아이만 가지고 있는 것이 아닙니다. 부모도 마찬가지죠. 어쩌면 아이들이 가지고 있는 두려움의 실체는 부모의 두려움이 가감 없이 전해진 결과인지 모르겠습니다.

사실 오늘날 한국의 가족들은 겁을 먹고 있어요.

계층 간 이동은 정체되고 경쟁은 갈수록 깊어지는데, 중산층의 미래는 그 어느 때보다 위태롭고 젊은이들의 미래는 위협적이기 때문입니다.

학교 수업에 별로 관심 없는 어떤 아이가 말했죠.

"우리 부모님의 나라에는 의사만 살아요."

실패와 패배를 다룰 수 없을 때, 우리는 '완벽주의'라는 필사적인 도구를 사용하기도 합니다.

진화에는 불완전만 있을 뿐 완벽은 없다고 하였는데, 그럼 이 완벽주의의 실체는 무엇인가요?

아마도 자신이 잘할 수 있는 것만 골라서 하고, 잘할 수 없는 것은 회피해버리는 무서운 방식일 것입니다. 완벽주의란 자기혐오에 빠지지 않으려는 몸부림이고, 이는 감정적으로는 마비된 상태로 "나는 행복할 자격이 없어"에서 출발하는 자신에 대한 오만 혹은 모멸을 포함하고 있어 위태롭습니다. 완전히 멋지거나 아무짝에 쓸모없는 놈으로 가르는 이분법이 작동하니, 유명대학에 들어가지 못하면 완전히 치욕이고 낙오자 취급을 당할 것이라는 생각에, 어른도 아이도 도전조차 포기한 상태에 도달할 수 있습니다.

이것이 우리의 현실입니다.

우리가 너무 단 한 가지 방식만을 바라보며 너무 미국식에만 매몰되어 있는 것은 아닐까요.

사실 미국의 학제는 그들이 처한 복잡성을 헤쳐 나가기 위해 열심히 고안한 제도인데, 우리는 그것을 우리 땅에 실험 없이 이식하려니 부적응의 정도가 시간이 갈수록 커지는 것은 아닐까요.

　앞이 잘 보이지 않을 때는 고개를 들어 심호흡을 크게 한 후에 훌훌 털고 다른 나라들의 사정도 한번 휘휘 둘러보는 것도 도움이 될 것 같습니다. 그들이 처한 현실도 우리처럼 쉽지 않겠지만 어느 경우에라도 교육의 본질은 잃지 않으려 노력하고 있을 테니까요.

비록 현재의 교육시스템 안에 갇혀 고군분투하고 있지만, 이 흐름을 계속 따라만 갈 수 없다면 조류가 제아무리 강하다 할지라도 물줄기를 바꾸어야 하지 않을까요?

진화란 존재하던 것을 당장 폐기할 수 없으니, 지금의 불완전한 학교 시스템 위에서 수정해 최적을 찾아갈 수밖에 없습니다. 하지만 우리가 국민적 합의를 거쳐 연대하고 협력할 수 있다면, 우리의 방역사례처럼 성공적인 교육시스템을 구축해 나갈 것입니다.

다른 나라는

다른 나라의 교육방식

현대교육의 철학은 실용주의(존 듀이 1859~1952)와 동시대를 풍미했던 인지적 구성주의(장 피아제 1896~1980), 사회적 구성주의(레프 비고츠키 1896~1934)의 토대 위에서 아이가 교육적으로 경험하는 '과정'을 중요시합니다.

그래서 온라인의 만능론을 경계하며 "학교는 작은 사회이며 아이들이 사회생활에 필요한 소통하는 방법과 윤리적 가치를 체득해 민주사회를 이룰 수 있게 하는 가장 귀중한 공간이다" 라는 존 듀이의 말을 기억하려 합니다.[7]

코로나가 어느 정도 가라앉고 우리 아이들이 학교로 돌아오면 우리의 교육방식이 달라졌으면 합니다. 그에 앞서 현대과학은 오래전에 밝혀낸 사실인데, 그동안 우리교육이 애써 외면해 왔던 질문을 드리려 합니다.

당신은 어느 쪽을 믿으시나요?
인간이 원래 무지하게 태어나서 지식을 주입해야 한다고 믿나요.

아니면,
인간은 태어날 때부터 이미 다양한 잠재력(프로그램)을 가지고 있다고 믿나요.

만약 첫 번째가 정답이라면 교육은 암기, 주입식과 같은 동아시아(일본, 한국, 중국) 방식이거나 프랑스같이 교사가 권위를 가지고 아이들을 교정하고 바로잡아야 할 대상으로 여기는 방식이 됩니다.

만약 두 번째가 정답이라면 교육은 아이를 지지하고 아이가 내적으로 가지고 있는 배움의 본능을 독려하여, 선행학습을 철저히 규제하는 북유럽 3개국(스웨덴, 노르웨이, 덴마크)이나 핀란드의 방식이 됩니다.

불완전한 교육 제도를 극복하고자
애써보지만,
복잡성의 실체 때문에
결국 완전히 해소할 수 없다는 게
교육의 딜레마입니다.

— 다른 나라의 교육방식 中

인간은 하얀 도화지로 태어나는 것이 아닙니다. 이미 다양한 자질을 가지고 태어나 환경의 자극을 받으며 그 자질이 확장합니다.

그렇다면 어느 쪽의 교육방식이 우리에게 적합할까요.

첫 번째 방식은 우리 아이들에게 지식을 폭포수처럼 들이붓는다는 비난을 면하기 어렵습니다. 그렇다고 두 번째가 정답일까요.

교육혁신의 방향을 선택할 때 나라마다 자신이 진화해 온 불완전한 제도를 극복하고자 애써보지만, 딜레마는 완전히 해소되지 않은 채 항상 남아있을 수밖에 없다는 복잡성의 실체를 잊지 말아야 할 것입니다.

유럽 3개국의 비교

프랑스 - 5%의 엘리트 교육[8]

프랑스에서는 68혁명 이후 대대적인 교육개혁이 일어나 민주적인 교육방식이 교실까지 들어왔다고 알려져 있습니다.

하지만 반세기가 지난 지금도 수직적 교육방식이 가정이나 학교에서 가장 널리 사용되고 있으니, 다소 당황스럽기는 합니다. 프랑스인은 아동기를 아직도 무지의 시절로 보고, 학교는 아이들을 바로잡아 주어야 할 교정의 대상으로 봅니다. 이에 따라 평가시스템도 엄격하고 가혹하여 학업을 못 따라가 부진하면, 낙제는 아주 흔한 일입니다.

대학의 꼭대기에는 눈에 띄는 불평등도 존재합니다.

고등학교 졸업시험인 '바칼로레아' 성적이 우수하면 원하는 대학에 갈 수 있지만, 대학 위의 대학으로 군림하는 엘리트 대학 '그랑제콜'이 있어, 시민혁명이 일어난 이후 민주주의를 가장 먼저 쟁취한 나라에서 대학의 서열을 통해 아직도 왕권의 흔적이 남아있어 인상적입니다.

그랑제콜은 정부와 민간영역의 고위직에 인재를 공급할 목적으로 프랑스 전체 학생의 5% 미만이 입학하게 되죠. 이를 위해 고등학교 졸업 후 예비학교인 '프레파'에 먼저 들어가야 합니다. 2~3년간 매주 40시간 수업에 수시로 시험을 보며 숙제의 양도 엄청나다고 해요. 이 과정을 마치면, 학생들은 다시 매우 치열한 경쟁시험을 거쳐 마침내 그랑제콜 중의 한 학교에 진학하게 됩니다. 합격하면, 미래의 성공은 이미 이루어진 셈이어서 한숨을 돌리고 느긋하게 지낼 수 있죠.

프랑스에서 자녀가 이러한 엘리트 과정에 입학하기를 원하는 부모는 소수입니다. 그들 대부분도 그랑제콜의 졸업생으로 아이들에게 어려서부터 근면, 끈기, 회복력을 강조하며, 엄격한 예의범절뿐 아니라 역사 속에서 면면히 내려오는 프랑스만의 사회적 규범도 철저하게 교육한다고 합니다.

어떤가요.

과거 귀족계급의 잔재가 교육시스템에 남아 현대적인 옷으로 갈아입고 탈바꿈한 것 같지는 않나요. 진화의 본질을 목격할 수 있습니다. 프랑스에도 미국의 미네르바스쿨(구굴이 만든 혁신대학)을 본뜬 '에꼴42'가 있기는 하지만 패션에서 보듯이 프랑스의 뒷골목에는 아직도 한 땀 한 땀 구슬을 달아 '오뜨꾸뛰르'를 만들어내는 사람들이 존경받으며, 그들의 건재함을 뽐내고 있는 면모가 교육에서도 어렵지 않게 발견할 수 있었습니다.

독일 – 실업계냐 인문계냐

단지 국경을 건넜을 뿐인데 독일에 들어서면 분위기가 확 바뀝니다.

독일은 세계적인 제조 강국으로 초등학교 4년이 끝날 때, 학생들을 세 등급(김나지움, 레알슐레, 하우프트슐레)으로 나누어 진로를 결정합니다. 인문계(김나지움)로 진학하여 대학을 갈지, 아니면 실업계(레알슐레, 하우프트슐레)로 진학하여 장인의 길을 걸을지 결정하게 되죠. 이 판단에 부모의 의사가 반영됩니다. 하지만 아이를 4년 동안 관찰하여 평가하였던 담임선생님의 의견이 절대적입니다.

여러분은 이 제도를 쉽게 수용할 수 있나요?

초등학교 4학년 때 이미 아이의 미래가 결정되다니.

너무 가혹하다는 생각이 들며 도대체 기준이 뭘까 궁금해집니다.

그 기준은 바로 글과 수를 이해하는 능력

어려운 말로 아이의 '문해력'과 '수해력'의 수준입니다.

여기에서 핵심어는 '이해'.

복잡한 수학 공식을 외우거나 문제풀이를 하는 것과는 거리가 멀죠.

예로부터 독일 사람은 장인이 되는 데 많은 시간이 필요하다는 것을 알고 있었습니다. 그리고 이 길은 학문으로 가는 길과 다르다는 것도 잘 알고 있었죠. 그래서 아이의 자질에 맞게 올바른 진로선택을 하면, 아이는 원하는 직업을 갖고 행복한 미래를 살게 된다고 믿었습니다.

유아교육이 일찍이 발달했던 독일은 아이를 잘 관찰하면, 초등학교 2학년 때 아이에게서 서서히 다른 자질이 나타나기 시작하고, 초등학교 3학년을 마칠 즈음에는 그 자질이 확연히 드러난다고 주장합니다. 그래서 초등학교 4학년 말에 그간에 누적된 아이의 지적, 정서적 자료를 기반으로 담임교사가 아이가 인문계로 갈 것인가, 혹은 실업계로 갈 것인가의 진로를 결정하는 데 아무런 문제가 없다는 것입니다.

최근 우리나라에서도 수학을 포기하는 아이들(수포자)이 초등학교 3학년 분수를 배울 즈음에 나타난다고 하니, 독일이 신뢰하는 척도가 아주 엉뚱한 것 같지는 않네요.

그런 독일도 21세기 정보기술 사회에서 변화를 겪고 있습니다.

엄청난 자부심으로 어떤 외세에도 꿈쩍 않고 지켜왔던 그들의 고유한 제도를 내려놓기 시작하였죠. 지금은 세계 표준이 되어가는 미국식 학제로 지역마다 다른 속도로 전환해 가고 있습니다. 초등학교 4학년 말에 진로 선택을 결정하는 기준점은 여전히 고수하고 있지만, 그 이후의 학업은 학생이 졸업 후 다른 진로를 원하면 아무런 문제없이 두 경계를 넘나들 수 있도록 열어놓아서, 실업계에 진학하였다가도 인문계로 옮겨 대학의 학업을 이어갈 수 있습니다.

21세기 독일에서는 부모가 장인이기 때문에 자식이 당연히 그 뒤를 따라야 한다는 고정관념은 자취를 감출 것 같습니다.

핀란드 - 교육혁신의 중심은 교사

핀란드는 프랑스와 대척 지점에 있습니다.

학교는 학생에게 압력을 가하지 않는 수평적 교수법을 강조하고, 가정에서 부모는 아이의 의견을 존중하고 최대한 자유를 허용하는 육아 방식을 선택합니다.

핀란드의 학교시스템은 팀워크와 마지막 한 아이까지도 남기지 않으려는 협업의 학습 과정을 강조합니다. 이는 경제적 불평등이 크지 않은 나라들에서 나타나는 특징으로 스칸디나비아 3국(스웨덴, 노르웨이, 덴마크)도 마찬가지죠. 그래서 경제 불평등의 정도와 허용적 양육방식의 인과관계에 대한 행동경제학의 연구보고서도 나와 있습니다.

특이한 것은 이렇게 경쟁적인 평가나 특별한 동기부여 없이 핀란드는 OECD의 국제학력시험(PISA)에서 다년간 높고 안정적인 점수를 올려, 최근까지도 모델연구 목적으로 각지에서 몰려오는 교육 개혁가들의 발길이 끊이지 않는다고 합니다.

이 조그마한 나라가 어떻게 교육 강국이 되었을까요?

핀란드는 지난 40년간 척박한 땅에서 강대국 러시아의 계속되는 침략을 막아내며 중단 없는 교육혁신을 추진하여, 이제는 매우 안정되고 우수한 교육체제로 부강과 자존심, 두 마리 토끼를 모두 잡았습니다.

도대체 그 비결은 무엇일까요?

전문가들의 의견은 엇갈리지만, 교사 중심의 교육체계와 학교장의 협력적 리더십이 가장 돋보이는 요인입니다. 역시 사람 중심으로 교육의 난제를 풀어갔던 것입니다.

핀란드는 교육혁신을 교사의 자질을 높이는 데서부터 시작하였습니다.

국민이 신뢰하고 존경할 수 있는 교사자질의 기준을 정하고 이를 교사지망생에게 요구하여, 핀란드 교사는 석사학위 이상의 소지자로 전문가이자 연구자입니다.

높은 경쟁률을 뚫고 교직에 들어온 교사들에게는 교육 활동 이외의 어떠한 일에도 에너지를 분산하지 않도록 최적의 교육환경을 마련하는 데 핀란드는 힘을 쏟았죠. 핀란드에는 교사 승진제도가 없어 교사 간의 소모적인 경쟁이 일어나지 않으며, 주 정부의 교사평가나 행정 잡무도 없죠. 교사는 자율적이고 독립적인 교육 활동에 오롯이 집중하면 됩니다.

핀란드교육의 성공을 이야기할 때 학교장의 요인도 **빼놓을** 수 없습니다.

학교장은 교사 출신으로 교육전문가입니다. 핀란드에서는 혁신적인 교육 아이디어가 교육현장의 협력체제에서 나오기 때문에, 학교장은 학생과 교사를 돕는 위치에서 학교문화가 공유한 협력의 리더십을 발휘합니다. 학술팀을 구성하고 팀들이 프로젝트를 수행하며 활동할 수 있도록 학교문화를 이끄는 존경받는 인물이자 지역사회의 어른이죠.

잠깐만요.

우리가 지난 반세기 동안 단 한 번이라도 교사나 교장의 자질향상에서부터 교육혁신의 이야기를 풀어나간 적이 있었나요?

핀란드에서 교사의 월급은 국제 평균수준이지만, 교사는 가장 선호하는 직업으로 우수한 학생들이 몰린다고 합니다. 교사에 대한 국민의 성원도 대단하여, 그들은 핀란드에서 뛰어난 교사가 되려면 다년간 어려운 교육 과정을 거쳐, 실력과 인품을 갖추고 있다는 것을 잘 알고 있죠. 그래서 핀란드인은 국가의 귀중한 자산인 교육자들을 매우 존경하고 자랑스러워하며, 교사의 사회적 지위도 높습니다.

개인적으로 독일과 프랑스는 학생 때 아는 나라여서 새롭지 않았는데, 핀란드는 교육혁신에 대한 최근 자료를 읽으며 감명을 받았습니다. 그래서 이야기가 길어졌습니다.

우리의 관심사인 고교학점제를 영국은 1968년, 독일은 1970에 이미 받아들여 시행했지만, 핀란드는 달랐습니다. 시간을 두고 연구를 거듭하여 1993년에 받아들여, 지금은 학교와 교사의 자율권을 강화하고 학생의 과목선택권을 넓힌, 세계가 부러워하는 이상적인 제도로 발전해 나가고 있습니다.[9] 우리나라가 취할 수 있는 풍부한 힌트를 받았습니다.

다른 나라의 교육시스템을 탐방하니 끝이 없죠?

이만 마무리하고 우리 땅으로 돌아가려 합니다.

세상엔 볼 것도 많고 먹을 것도 많지만 계속 기웃거리고만 다닐 수 없습니다.

돌아가서, 우리가 해야 할 일을 해 봅시다.

손흥민의 귀국

귀국의 안정감

손흥민 선수는 부상당하면, 왜 한국으로 돌아오는 걸까요.

운동선수들이 다치면, 예전엔 영국으로 가서 치료를 받지 않았나요?

코로나로 그 이유 하나는 정확히 알게 되었죠.

우리로 치면 하루 이틀에 전문의를 만나 진단받고 곧장 치료에 들어갈 일이 영국에서는 수개월이 걸린다고 합니다. 무상의료를 보장하는 영국의 의료시스템(NHS)이 모든 사람을 차별 없이 진료한다는 장점은 있지만, 의료 인력의 부족으로 진료 대기 시간이 길어지고 의료 시설은 낙후되어 환자들의 답답한 상황이 이어진다고 합니다.

손흥민 선수에게 고향은
야구의 베이스캠프 같은 곳,
안정감을 되찾고
다시 힘을 얻는 안전기지 입니다.

아이들에게는 언제든지 돌아갈 수 있는
베이스캠프가 필요합니다.

— 귀국의 안정감 中

그러하니 손 선수가 한국의 우수한 의료진에게 신속한 치료를 받기 위해 귀국하는 것은 어쩌면 당연해 보입니다.

하지만 그것이 전부였을까요.

비록 짧은 기간일지라도 한국으로 돌아와 의료진의 애정 어린 관심 속에서 마음 편히 치료를 받고 싶지는 않았을까요.

고향은 야구의 베이스캠프 같은 곳입니다.

그곳을 떠났다가 성공하고 돌아오면 환희를 함께 나눌 수 있고, 실패하였더라도 제 자리로 돌아와 위로를 받으며 동료들 속에서 마음을 가다듬고 다음 기회를 기다릴 수 있죠.

고향은 안정감을 되찾고 다시 힘을 얻는 안전기지(Secure Base) 같은 곳이 아닐까요.[10]

세계적인 선수로 성장하여 어마어마한 몸값에 경기마다 터질 듯한 환호에 휩싸이는 손흥민 선수도 그런 회귀가 필요했을까요.

물론이죠!

주목의 강도가 크고 높을수록 평범한 일상을 사는 사람보다 몇 배의 따뜻함과 사랑이 필요할 것입니다. 그 정서가 흠뻑 채워져야 손흥민 선수도 다시 축구장 한복판으로 뛰어나가 다음을 힘차게 기약할 수 있을 테니까요.

아빠의 한마디

우리 아이들에게 베이스캠프는 집입니다.
그래서 아이가 집에 오면 무조건 쉬어야 합니다.

지쳐있는 아이에게 부모가 해야 하는 일은 무조건 사랑으로 감싸며 따뜻하게 기댈 수 있는 분위기를 만들어 주는 것, 그것이면 충분합니다. 아이들이 강도 높은 집중력을 요구하는 주요과목들의 학습으로 집에 오면 피곤하다는 사실을 어른들은 잊지 말아야 합니다.

혹시 이렇듯 과중한 부담이 우리가 서양 지식을 흡수하기 때문은 아닐까 의심해 볼 수는 있겠습니다.

배움의 과정은 누구에게나 힘듭니다.

아이들이 부모와 선생님으로부터
안정감을 잃지 않아야
그 정서적 안정감이 상상력에서
창의력으로 발전하게 됩니다.

— 아빠의 한마디 中

하지만 그렇지만은 않습니다.

서양 아이들도 학교공부가 힘들기는 마찬가지죠.

배움의 과정은 누구에게나 힘듭니다.

그래서 아이가 학교로 들어가기 전에 부모가 따뜻한 마음을 전하며 헤어지는 순간은 무엇보다 중요합니다. 곧이어 선생님이 미소로 반갑게 맞아주면, 아이는 긴장된 학교생활을 한 단위로 묶어 스스로 적응하며 자유로운 마음의 공간을 열고 들어갈 준비를 하게 되죠.

아이가 부모와 선생님과의 바통터치에서 보호받고 있다는 안정감을 잃지 않아야 그 정서적 안정감이 상상력에서 창의력으로 이어지게 됩니다. 주위에서 듣는 관심과 격려의 한 마디가 아이에게 단비와 같아서, 우리 집 아이가 그러한 자양분을 받고 성장했느냐 아니냐에 따라 인성과 능력의 수치는 크게 달라질 수 있습니다.

아빠의 단 한마디

부모가 낯선 미국 땅에 홀로 조기유학을 보내, 14살에 미국 동부의 사립학교에 다닌 후배가 있었습니다.

끝없는 방황 끝에 어느 날 거울에 비친 자신의 비뚤어진 모습을 보고 정신 차려, 상급학교에 진학하여 국제변호사가 되었죠. 후배는 그 시절을 돌이켜보면, 상상만 해도 너무 외롭고 힘들어서 자기 아들만은 반드시 한국에서 학교를 보내겠다고 결심했습니다.

그런데 상황은 그의 편이 아니어서 아들도 영국 사립학교에 들어가게 되었습니다.

아들의 미식축구 게임이 있던 날 간신히 시간을 맞춰 학교 운동장에 가 보니, 아들은 한 발자국만 앞으로 나아가면 되는 상황에서 타원형 공을 꽉 쥐고 주춤거리고 있었습니다. 영국 의회처럼 왁자지껄한 운동장에서 아빠는 주먹 쥔 손을 앞으로 힘차게 뻗으며 외쳤답니다.

"아들, 파이팅!"

게임을 이기고 집에 돌아온 아들은 영국의 그 잘난 친구들이 눈에 띄지 않게 걸어오는 잦은 신경전이 너무 힘들고 괴로웠다고 했대요.

"내가 주장이니까 공을 쥐고 앞으로 뛰어나가기만 하면 되는데, 순간적으로 아이들이 나를 따라와 줄까. 미세하게 흔들리고 있었어. 아빠가 오기 전까지."
"아빠 소리를 들었어?"

"아니. 하지만 온전하게 느껴지면서 내 발이 움직여 마법처럼 나를 뛰게 했지."

누구에게나 언제든지 돌아갈 수 있는 베이스캠프가 있어야 합니다.

안전기지를 갖지 못한 채 성장한 가엾은 사람은 어떻게 해야 자신이 안전한 기지가 될 수 있는지 모를 수도 있습니다. 하지만 그날 아들 덕분에 후배 자신도 어린 시절의 상처를 치유할 수 있는 마법을 함께 경험했다고 했습니다.

아빠는 누구보다 아들이 처한 순간을 깊이 이해하고 있었죠.

공감하고 있었습니다.

그래서 아들과 한마음이 되어 파이팅을 외쳤던 것입니다.

엠파시, 너무나 귀중한 말

'엠파시'는 요즈음 가장 중요한 단어입니다.
흔히 '공감'이라 번역하죠.

이 말이 그야말로 쉬지 않고 여기저기 등장하네요. 인간과
인공지능의 차이점을 이야기할 때도 미래에 끝끝내 살아남을
일자리를 이야기할 때도 Z세대 아이들이 다가오는 세상을 헤
쳐 나가기 위한 가장 의미 있는 자질을 이야기할 때도 반드시
핵심어로 등장합니다.

그런데 우리말에서 심퍼시(Sympathy)가 엠파시(Empathy)와
혼동되어 잘못 쓰이는 경우가 적지 않습니다.[11]

흔히 '연민'으로 번역되는 심퍼시의 의미는 생각보다 광범위합니다. 누군가를 가엾이 여기는 감정으로, 누구의 문제를 걱정하거나 어떤 이념이나 조직을 지지하여 동의할 때 쓰입니다. 더 나아가 비슷한 의견이나 관심을 지닌 사람들 사이의 우정을 표현하기도 하죠.

반면에 엠파시의 의미는 간단합니다.
타인의 감정이나 경험을 이해하는 능력입니다.

그러니까 심퍼시가 단순한 '감정'(후속 행동을 포함하기도 하는)이라면, 엠파시는 '능력'인 것이죠. 그래서 우리는 '공감'이라는 표현이 적합한 곳에서 '공감 능력'이라는 말을 더 자주 듣게 됩니다. 공감은 '감정 이입'이나 '역지사지'의 사자성어를 써서, 상대방 자리에서 상상하고 생각한 후에 경험을 함께 나누는 능력을 의미합니다.

요약하자면 심퍼시는 가여운 사람이나 문제를 안고 있는 사람, 자신과 비슷한 의견을 가진 사람에게 품는 감정이어서 크게 노력하지 않아도 자연스럽게 생겨나죠. 하지만 엠퍼시는 자신의 이념이나 신념이 다르고 가엾지 않은 사람일지라도 생각을 함께 나누는 능력을 말합니다.

심퍼시가 감정적 상태라면, 엠퍼시는 지적인 작업이죠.

둘 사이에는 큰 차이가 있어 공감의 정확한 어휘사용이 필요합니다.

엠퍼시와 동화적 상상력

그렇다면 이 엠퍼시가 21세기를 살아가게 될 아이들에게 왜 그토록 중요한 자질일까요.

바로 상상력 때문입니다.

심퍼시(Sympathy) : 연민
사람에게게 품는
크게 노력하지 않아도
자연스럽게 생겨나는 '감정'

엠퍼시(Empathy) : 공감
자신과 신념이 다르고
가엾지 않은 사람일지라도
생각을 함께 나누는 '능력'

— 엠파시, 너무나 귀중한 말 中

상상하는 능력은 창조하는 능력의 전 단계인데, 21세기의 또 하나의 중요한 단어 '창의력'이 바로 이 상상력에서 나오기 때문이죠. 상상력의 앞에는 학교 문 앞에서 아이가 부모와 헤어지며 선생님을 만나는 지점에서 묘사했던, 보호받고 있다는 그 안정감이 토대가 됩니다. 그러니까 안정감 위에 상상력, 그리고 창의력으로 연결되는 셈이죠.

엠파시는 인공지능에 없는 능력입니다. 그래서 더욱 소중합니다.

그렇다면 이 공감 능력은 교육에서 가르쳐서 배울 수 있는 자질일까요?

네. 물론입니다.

어린 시절 읽었던 좋은 동화책 한 권으로도 공감의 세계는 곧바로 열리기 시작하죠.

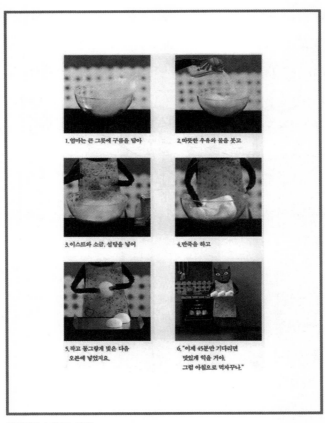

1.엄마는 큰 그릇에 구름을 담아

2.따뜻한 우유와 물을 붓고

3.이스트와 소금, 설탕을 넣어

4.반죽을 하고

5.작고 동그랗게 빚은 다음
오븐에 넣었지요.

6."이제 45분만 기다리면
맛있게 익을 거야.
그럼 아침으로 먹자꾸나."

레시피를 소개하는 장면
출처: 《구름빵》

무척 좋아하는 그림책이 있습니다.

백희나 작가의 《구름빵》이죠.

비 오는 날 구름 반죽으로 만든 빵을 먹은 아이들이 두둥실 하늘로 떠올라 아침을 거르고 출근하는 아빠에게 구름빵을 가져다준다는 이야기입니다. 사실 그림책이라기보다 무대를 연출하듯 인형과 소품, 배경을 만들고 조명을 곁들여 사진을 찍은 뒤 이를 한 권의 책으로 엮었으니, 마치 영화 콘티를 보는 것처럼 장면 하나하나가 시각적인 상상력을 자극합니다.

《구름빵》에서 어른 독자로서 가장 놀라웠던 장면은 엄마가 빵을 만들 때, 여섯 개의 컷으로 순서에 따른 레시피를 소개하는 장면이었습니다.

지극히 현대적이었어요.

한국인에게 아직도 낯선 '알고리즘'의 개념을 가장 친숙한 레시피를 통해 어린 꼬마들의 무의식에 훈수를 놓듯 슬쩍 지나가며 툭툭 던지는 방식을 취하다니.

알고리즘이란 개념을 '여러 단계에 걸친 명령어의 집합'이라고 소개한다면,
과연 어린아이들은 이해할까요.
하지만 동화 《구름빵》에서는 아이들의 사고를 섬세하게 자극하고 아이들의 공감을 끌어내면서 아이들의 상상력을 끊임없이 자극하고 있습니다.

일상과 판타지의 조화를 보여 주는
정말 놀랍고 경이로운 그림책이 아닐 수 없었습니다.

손흥민의 질주하는 골 장면

그런 《구름빵》 동화 같은 장면이 영국의 축구장에서도 벌어졌습니다.

손흥민 선수가 게임 중간에 공을 가로채더니 70m를 혼자 질주하였죠. 아이들은 스마트폰을 보며 운동장의 배경이나 소품마저 AI 알고리즘으로 조작한 것 같다며 흥분하였습니다.

요즈음 주위에서 부쩍 많이 듣는 질문이 있습니다.

"스마트폰 사용은 몇 살부터 허락하는 것이 좋을까요?"

젊은 엄마들은 걱정이 많겠지만 만약 《구름빵》을 읽으며 스마트폰을 함께 들여다본다면, 아무런 문제가 없다고 생각합니다.

인간이 사고하는 방식은 인공지능이 사고하는 방식과 다르니까요.

그 보다 현재 청소년이나 청년으로 성장하는 아이들의 사고방식과 부모세대의 방식이 어쩌면 인간과 인공지능의 편차만큼이나 벌어져 있는지 모르겠습니다. 때로 아이에게 내뱉는 부모의 말 한마디가 무개념에서 비롯되어, 다 같이 위험에 빠지는 아슬아슬한 광경을 목격할 때가 있기 때문입니다.

손흥민 선수가 부상당하면 왜 한국으로 돌아올까 질문하며, 마음 편히 치료받고 다시 운동장으로 뛰어나가는가는 장면을 상상해 볼 수 있는 부모라면, 아이를 이해하는 데 불안감과 초조함은 갖지 않아도 될 것 같습니다.

우리 아이들 세대는 따뜻한 베이스캠프로 돌아와 힘을 얻으면, 스스로 자신을 세워 운동장으로 나갈 수 있다는 믿음. 그 믿음이 열어주는 자유로운 공간.

그 엠파시를 아이들은 우리 어른에게 기다리고 있습니다.

3장

최적의 시대

AI 시대의 교육

인공지능과 교육

인공지능과 인간.

나란히 써보았습니다. 왠지 둘 사이에 대적하고 있는 묘한 긴장감이 느껴지네요.

예전엔 그렇지 않았습니다.

기계가 인간의 손과 발이 되어 우리를 도와주는 보조 역할을 할 때는 말이죠.

그런데 알파고가 하필 서울에서 이세돌 9단과 대국을 벌여, 대한민국 국민은 인공지능의 생생한 위력을 역사의 한복판에서 경험하는 민족이 되어 버렸습니다.

그때 머리를 쓰는 기계를 지켜보며 앞으로 인공지능이 주어진 과제를 수행하여 유용한 결과물을 만들어낸다면 인간은 더는 적수가 될 수 없겠구나, 실감하게 되었습니다.

1세대 인공지능

인공지능이라 하면, '인간의 지능을 모방한 기계인가?'라고 생각하게 됩니다.

아닙니다.
현재의 인공지능은 인간을 관찰하여 그대로 본뜨거나 베낀 것도 아니며 인간 두뇌의 작동방식을 따라 움직이지도 않습니다.

아, 한때 그런 적이 있었습니다.

20세기 중반 인공지능 연구자들은 인간을 닮은 기계를 만들겠다는 원대한 계획을 세운 적이 있었습니다. 번역기를 만들려면, 뛰어난 번역가가 그 업무를 어떻게 수행하는지 꼼꼼히 관찰한 결과를 그대로 본떠야 한다고 믿었죠. 인공지능은 인간의 두뇌가 작동하는 방식에 최대한 가까워져야 한다는 신념도 가지고 있었습니다.

그러나 그 도전은 실패로 끝났습니다.
이유는 간단했습니다.
인공지능은 인간처럼 작동하지 않았어요. 접근법에 문제가 있었습니다.
그 후 인간을 본떠 기계를 구축하려던 연구들은 깊은 침체기에 빠져들었고, 1차 인공지능 시대는 그렇게 쓸쓸히 막을 내렸습니다.[12]

2세대 인공지능

그러다 홀연히 봄날은 찾아왔고, 2차 인공지능 시대의 꽃이 피기 시작했습니다.

1997년 세계 체스 챔피언을 물리친 딥블루가 등장했고, 2016년 우리가 익히 알고 있는 알파고가 인간 이세돌을 격파하더니, 그다음 해 2017년에는 알파고제로가 나타나 알파고마저 물리쳐 버렸습니다.

딥블루가 무작위의 온갖 경우 수를 대입하는 처리 능력뿐이었다면, 알파고는 바둑이 체스보다 훨씬 복잡한 경기라는 특성을 미리 알고 있었습니다. 그래서 알파고는 정상급 인간 선수들의 대국을 살핀 후에 자신과 계속 맞대결을 펼치며 딥블루보다 훨씬 적은 수로 이세돌 9단을 이길 수 있었죠.

사실 전문가들은 이런 일이 10년은 더 넘게 걸릴 것으로 예측했기에 인간과 인공지능의 대결을 지켜보던 전 세계인은 깊은 충격에 빠졌습니다.

　　그리고 고작 1년 후 더욱 성장한 알파고제로는 인간의 지식에 더는 의존하지 않고 경기 규칙만을 익힌 채, 사흘 동안 스스로 경기를 치르면서 데이터를 생성하여 사촌 알파고를 완벽히 격파하고 말았습니다.

인공지능은 기존 데이터로 학습을 하지만
인간은 탐구하고
새로운 콘텐츠를 창조합니다.

인공지능과 인간의 시대,
어떤 미래 교육을 준비해야 할까요?

—인공지능과 교육 中

인지자동화의 위협

현재 인공지능은 오로지 실용성을 따져 배정된 과제를 얼마나 잘 수행하느냐에 따라 그 우수성이 평가받고 있습니다. 인공지능 동시통역기는 어마어마한 양의 데이터에서 두 언어 사이에 일어나는 대응 관계와 반복되는 유형을 정교하게 파악하여 딥러닝(자가학습)을 하며, 그 성능이 날로 좋아지고 있습니다.

인간이 인공지능과 대결하여 살아남을 방법은 있는 걸까요?

기계가 인간의 손발을 대신하여 물질적 노동의 자동화를 이루었듯이, 인공지능이 인간의 머리를 대신하여 인지적 노동의 자동화를 이루게 되는 것은 시간문제인 것 같습니다.

그렇게 되면 인지적 노동에서도 대량생산이 이루어져 인간 노동력은 가격이 인하되고, 인간의 머리를 쓰는 전문직도 반복적인 일을 하는 직업군만큼 위협을 받게 될 것입니다.

그러나 딥러닝의 기반은 데이터이고 인공지능은 데이터로 학습을 해 나가니, 인간이 존재하지 않았던 새로운 데이터(콘텐츠)를 만드는 일을 한다면 살아남을 수 있지 않을까요? 그래서 21세기에 들어 코딩의 중요성과 창의성이 강조되는 이유입니다.

소용돌이가 거셉니다.
이 속에서 우리는 과연 다음 세대를 위한 미래 교육을 준비해야 할까요?
새로운 이야기, 없었던 이야기를 쓰는 아이를 키워내기 위해 어떤 제도적 변화의 노력을 구체적으로 하고 있는지 답해야 할 때입니다.

AI 실용주의 시대

21세기 인공지능은 실용주의로 무장하고 있습니다.

엄청난 처리능력과 나날이 정교해지는 알고리즘을 이용해 무한대에 가까운 데이터의 선택지를 뒤져, 가장 합리적인 사람이 선택할 만한 행동을 스스로 찾아내고 있습니다. 오로지 실용성만을 따져, 배정된 과제를 얼마나 잘 수행하느냐에 따라 가치가 판단되고 있습니다. 1차 인공지능 시대의 실패를 딛고, 이제 인공지능은 유용성으로 평가받는 최적의 시대를 펼쳐가고 있습니다.

이에 따라 인공지능 연구자들도 인간의 지능을 이해하기보다, 특정 과제를 풀어내는 성능이 뛰어난 기계를 만드는 실용적인 연구에 몰두하고 있습니다. 게다가 대기업들(구글, 아마존, 애플, 페이스북, 마이크로소프트)은 이런 기계를 만드는 재능 있는 연구자들을 하마처럼 흡수하며, 놀라운 성과로 인공지능의 발전을 이끌고 있습니다.

우리는 빠르게 진화하는 인공지능과 어떻게 발을 맞춰나가야 할까요.

AI 실용주의와 함께 만드는 세상

독일 함부르크에 가면 부둣가에 콘서트홀 엘프필하모니(Elbphilharmonie)가 있습니다.

벽돌창고 위에 쌓아 올린 독특한 외관에서 독일인 특유의 뚝심이 드러나 감탄과 미소가 떠오르죠. 안으로 들어가면, 인공지능이 만들어낸 유기체적인 객석의 거리감과 음향판 1만 개가 만들어내는 소리에 말을 잃게 됩니다. 귀 밝은 사람이라면, 악기의 소리를 듣기도 전에 음악의 선율이 흘러나오는 착각에 빠지게 될 테니까요.

이는 '파라메트릭 디자인(Parametric Design)'이라는 알고리즘의 기술로 설계되었다고 합니다. 물론 건축가들이 시스템에 설계기준을 입력했겠지만, 인공지능은 인간이 알 수 없는 경로를 통해 건축가가 선택할 설계안을 생성하여 멋진 합작품을 완성하였습니다.

일본 도쿄, 도넛 모양의 후지(Fuji) 유치원과
독일 함부르크, 콘서트홀 엘프필하모니(Elbphilharmonie)

일본 도쿄에 가면 외곽지역에 도넛 모양의 후지(Fuji) 유치원이 있습니다.

질투가 날 정도로 아주 부러운 건축물입니다.

어떤 아이도 차별하지 않고, 모든 아이를 훌륭한 어른으로 키우겠다는 미래의 일본 교육철학을 선명히 보여주는 놀이터 같은 천국입니다.

이 유치원에서는 아이들은 자신이 원하면 언제라도 밖에 나갈 수 있다고 합니다. 건물이 원형이다 보니 결국 돌아올 수밖에 없고, 그렇게 자기만의 경험을 마치고 돌아온 아이에게 선생님은 비로소 침착함과 집중력 같은 교육적인 면을 강조한다고 합니다. 건축가의 따뜻한 마음에 인공지능의 알 수 없는 역량이 더해져 놀라운 합작품을 만들었습니다.

인공지능이 발전하니,
역으로 인간의 속성에 더욱
예민해져 갑니다.

그렇다면 무엇이 인간다운 것일까요?

— AI 실용주의 시대 中

실용의 흐름을 타고 인간과 인공지능은 함께 과제를 수행하는 친구가 되어야 합니다.

서로의 다른 경험에서 우러나는 능력으로 문제를 해결하며 미학적인 처리까지 호흡을 맞춘다면, 지금으로서는 알 수 없는 다양한 분야에까지 아름답고 경이로운 합작품을 선보일 수 있을 것입니다.

실용주의와 실용의 시대

인간과 인공지능의 관계를 이야기하다 보니 자꾸 '실용주의'가 튀어나옵니다.

"이거 내가 사회과목에서 배웠던 그 실용주의가 맞나?" 반문하는 분들이 있다면,

네, 맞습니다.

미국의 철학이라고 불리는 실용주의는 찰스 샌더스 퍼스 (1839-1914)와 윌리엄 제임스(1842-1910)를 거쳐 존 듀이(1859-1952)에서 집대성되어, 20세기 미국이 정치, 경제, 사상에 이르기까지 유럽의 지배권에서 벗어나 독자적인 국가로 우뚝 선 토대가 되었습니다.

19세기 독일 관념론의 지배에서 벗어나 오늘날 미국의 사상적 배경이 된 실용주의와 인간을 모방하려다 실패하고 2세대 인공지능의 성공을 견인한 실용주의는 역사적으로 평행성을 이루며 참 많이 닮았습니다. 사실 듀이의 실용주의는 철학이라기보다 방법론으로 평가절하되었지만, 21세기에 들어 인공지능의 실용주의 부활로 그 개념이 진지하게 검토되고 있습니다.

'주의'는 생각의 흐름을 뜻합니다.

인간을 닮지 않은 인공지능에 실용주의를 쓰기가 불편하다면, 실용주의 대신 '실용의 시대'라고 써도 좋을 것 같습니다. 인간과 인공지능은 실용의 시대에서 언제나 변화하며 성공과 실패를 거듭하지만, 21세기에는 서로를 격려하며 개선해 나갈 용기를 다져야겠습니다. 그러나 이런 작업이 인간이 인공지능을 닮아간다거나 인공지능이 인간을 닮아간다는 뜻은 전혀 아닙니다. 오히려 그 대비가 선명해집니다.

흥미롭지 않습니까.

인공지능이 눈부시게 발전하니 역으로 인간의 속성에 더욱 예민해져 갑니다.

'인간다움'이라는 말은 원래 우리말에 존재하지 않습니다.

동양에서는 대상의 속성을 파고들지 않기 때문입니다.

개체를 분해해 쪼개기를 반복하여 목록을 만들고, 이를 다시 재구성하여 이름을 붙인 '~ness(~다움)'에 대한 우리말 번역어는 없습니다.[13]

하지만 서양식으로 질문은 할 수 있습니다. 무엇이 인간다운가요?

인간이 인공지능과 비교되기 시작하니 인간이 인공지능과 차별되는 공감과 신뢰, 그리고 사회성이라든지, 종합하는 능력 등이 떠오릅니다.

무엇이 인간다울까요?

인공지능 시대를 살아가는 우리에게 한층 더 중요하게 다가오는 질문입니다.

AI 시대, 학교의 역할

그렇다면 21세기 인공지능 시대에 아이들에게 무엇을 어떻게 가르쳐야 할까요.

학교는 어떤 역할을 하여야 할까요.

결론부터 말하면, 21세기 학교는 학생의 창의성과 개성을 염두에 두고 유연하게 운영되어야 합니다.

무엇을 가르칠 것인가?

먼저 역발상 하나를 제안해도 될까요?

지금까지는 인간과 기계의 관계에서 인간을 중심에 놓고 기계가 돕는 관계였다면, 앞으로는 기계를 중심에 놓고 기계가 할 수 없는 일을 사람이 찾아야 하는 관계를 생각해 보아야 합니다.

우리의 미래가 절대 우울한 것만은 아닙니다.

비행기가 인간의 날개가 되어 확장된 세계가 가능했듯이, 앞으로 인공지능은 인간에게 정신의 날개를 달아 새로운 세상을 더욱 자유롭게 열어갈 것입니다.

코로나 대유행으로 어르신들도 스마트폰으로 장을 보고, 직접 만나지 않아도 집에서 전 세계의 유명 온라인 강의를 듣고, 영화를 봅니다. 전 세계인과 화상회의도 하고 학회를 가지 않아도 연구논문을 발표할 수 있죠. 사실 이러한 활동은 진작에 시작되었지만, 자발적인 실행이 계속 미루어져 왔습니다. 그러다 코로나 사태가 터지자 강제적으로 가속도가 붙고, 우리는 다소 낯선 세상이 불편하기는 하지만 빠르게 적응해 나가고 있습니다.

확실한 것은 코로나가 어느 정도 안정된다고 해도 예전의 우리로 돌아가지는 않을 것입니다.

그렇다면 학교에서 가르치지 않아야 할 한 가지는 명확해졌습니다.

기계가 더 잘하는 것들이죠.

학교는 기계가 사람보다 뛰어나게 잘하는 내용을 관습적으로 가르쳐서는 안 됩니다.

무엇을 가르칠 것인가?

학생 스스로 깨우쳐 앞으로 나가는 능력과
새로운 해결법을 찾을 수 있는 능력입니다.

— AI 시대, 학교의 역할 中

수십 년 전 계산기가 등장하자 계산이 중요했던 수학 교육은 추론이나 문제해결을 강조하는 쪽으로 변해 갔습니다.

　인공지능 시대의 수학 교육은 어디로 가야 할까요?

　이해를 실질적으로 적용하여 창의적 결과물을 만들어 내는 '실질 이해력'을 향해가야 합니다. 그리고 다른 과목에도 이 원칙은 똑같이 적용됩니다.

　어떤 미래가 오든지 교육은 도움이 되기 때문에 더 많은 양의 교육이 필요하다고 외치는 교육자들을 경계해야 합니다. 앞으로는 단계적으로 올라가는 과정에서 다음 단계에 꼭 필요한 지식을 엄선하고 학생들이 매 단계에서 작은 성공, 큰 성공을 성취하면서 앞으로 나아가도록 도와야 합니다.

무엇을 가르칠 것인가의 미래지향적 답변은 많은 부분이 선생님의 가르치는 내용과 방식의 변화에 달려 있습니다. 선생님은 학생에게 인류의 지식유산을 전달하는 데 그치지 않고, 주위의 많은 정보를 이용하여 학생 스스로 깨우쳐 앞으로 헤쳐 나가는 능력을 키워주어야 할 것입니다. 더 나아가 새로운 문제를 정의하고 새로운 해결법을 찾을 수 있는 능력을 선생님이 가르쳐야 할 우선순위로 올려야 할 것입니다.

선생님은 큰 흐름을 보며, 학생들이 많은 길 중에서 어디를 택할지 방향을 잡아주는 안내자의 역할과 산봉우리의 어느 정상에 올라 신선한 바람을 맞이할지 함께 걸어가는 동반자의 역할을 해야 할 것입니다.

어떻게 가르칠 것인가?

가르치는 내용만큼 가르치는 방법에 대한 논의도 절대적으로 필요합니다.

여기에서 2가지 학습 방식에 주목해야 합니다.

첫째, 현재 전 세계의 흐름은 개별맞춤 학습방식입니다.

나라에도 지역마다 특색이 있듯이 학생들은 누구나 자신만의 개성으로 특정 분야에 잠재성을 가지고 있습니다. 이는 학생들이 학교에 다니는 동안 선생님과 친구들과의 상호작용에서 발견하게 됩니다.

이때 선생님의 역할이 가장 중요합니다.

선생님은 개별 학생들의 특성을 인식하고 배양해 줄 능력과 퍼즐 같은 다양성을 종합적으로 묶어 새로운 교육을 완수해야 할 책임을 지고 있기 때문입니다.

선생님들은 교육전문가이자 연구하는 교사여야 합니다.

더 나아가 공교육현장을 살아 움직이게 하려면, 선생님들이 팀으로 조직되어 학생들이 여러 선생님을 만나는 기회가 많으면 많을수록 좋습니다. 한 명이 아닌 여러 선생님이 한 아이의 단계별 학업 성취도에 따라 안내자와 지지자의 역할을 하여 교실 수업에서 배운 내용에 의문이 생기면 곧바로 달려가 직접 물어볼 수 있고, 온라인에서는 나만의 이해의 속도와 깊이로 개별맞춤 수업을 받을 수 있다면, 학습환경은 자연스럽게 다원화될 것입니다.

둘째는 교실수업과 온라인 수업을 병행하는 방식입니다.

고전적인 교실 수업 이외에도 온라인 학습이 활성화되는 때를 맞추어 '거꾸로 학습방식'을 한 차원 높인다면 좋겠습니다.

선생님과 학생이 다음에 배울 학습범위를 먼저 온라인에서 만나 이해의 정도를 점검하고, 교실에서는 학습 내용의 핵심 부분을 함께 확인합니다.

그 후에 선생님은 자신이 마련한 풍부한 콘텐츠로 학생들의 잠재력을 끌어내는 시간을 마련하며 마무리하게 됩니다.

요즈음 세대는 피드백에 열광합니다.

자신의 결과물을 앞에 놓고 무장해제된 분위기에서 토론 시간이 마련되어, 따뜻하고 개별맞춤의 섬세한 피드백을 받을 수 있다면 최적입니다. 선생님이 쉽게 다가오지 못하는 아이들에게 면담시간을 먼저 제안하여 만날 수 있다면, 의외의 성과도 거둘 것입니다.

이렇듯 구체적인 영역에서 한 번이라도 작은 성공을 이루어 낼 수 있었던 아이는 그 경험으로 더 큰 성공을 만들어 낼 수 있습니다. 바로 그때 옆자리에서 함께 환호하는 선생님들과 친구들이 있다면 얼마나 신나는 일일까요.

고교학점제

뜨거운 고교학점제

앞서 이야기했던 고교학점제를 기억하시나요?

새로운 제도여서 낯설고 3년 후에 고등학교에 진학하는 아이를 가진 학부모님은 "이거 나만 몰라서 내 아이에게 불이익이 가는 건 아닐까." 하고 노심초사하셨을 겁니다.

뭐든지 모를 때는 덜컥 겁나지만, 이해하고 나면 천천히 문제해결을 하면 됩니다.
힘을 합쳐 함께할 수 있다면 더욱 좋죠.
다른 말로 국민적 합의가 이루어지면 더욱 좋습니다.

특히 고교학점제는 아이들의 기초학력 문제와 국가의 지적 경쟁력 문제가 맞물려, 대한민국 미래의 생활 전반에 적지 않은 변화를 예고하고 있습니다. 학부형이 아니더라도 모두가 주목해야 할 뜨거운 주제입니다.

고교학점제는 무엇인가?

현재 우리나라 고등학교에서는 온종일 엎드려 잠을 자건, 어떤 성적을 받건 관계없이, 이수 과목의 출석 일수 2/3만 충족하면 3년 후 졸업장을 받게 됩니다.

고교학점제는 이와는 다릅니다.

학생들에게 교과목 선택권이 있지만, 학력 기준을 넘지 못하면 낙제를 하여 과목을 다시 들어야 하고 유급을 하여 3년 후 졸업하지 못할 수도 있습니다. 고교과정은 대학시스템과 같이 필수와 선택으로 나뉘어 학과목의 학점을 따고 그 학점이 충족되면 졸업하게 됩니다.

학기 초 학생들은 자신의 학과목을 설계하고 수강신청을 하여 담당교사의 교실을 찾아 수업을 들은 후 학기 말에 성취수준에 따라 학점을 받고 마무리하게 되죠. 그리고 필요한 학점을 충족하면 졸업장을 받게 됩니다.

그럼 고교학점제도 "큰 문제는 없겠네!"라고 생각할 수 있겠죠.
유감스럽게 그렇지 않습니다.

후기 중등교육 기관인 고등학교 기간은 국가가 국민의 기초 학습능력에 책무를 지고 있기 때문입니다. 대학은 자신이 판단하여 자퇴하면 끝납니다. 하지만 고등학교까지의 학업은 어느 나라나 국가가 교육의 기회를 보장할 뿐 아니라 국민 개개인이 실질적 학력 수준을 갖추도록 책임을 지고 있습니다.

그래서 현재 고교학점제를 일찍이 도입한 나라들은 졸업시험을 두고 학과목의 성취수준을 엄격하게 관리하는 제도장치로 학생들의 학력저하를 막고 있습니다. 우리나라 교육부도 학업성취 기준을 하위 20%로 발표하였다가, 현재는 서양의 40%~50% 수준으로 상향 조정하고 있는 것으로 알고 있습니다. 그리고 이는 교사의 절대평가로 이루어지죠.

깨알 같은 글자도 다 외웠어요

새로운 제도의 도입은 비판적으로 검토해야 할 사항이 많아 세세한 항목에 대한 다양한 목소리가 들리고 있습니다.

고교학점제는 이렇습니다.

서양 선진국이 대학의 학력 수준을 고등학교에서 이미 수학할 수 있도록 설계한 제도입니다. 이에 따라 고등학교의 성격은 학생에게 학과선택권을 주어, 자신이 관심 있는 분야에서 학문적 개념을 깨우치고 그에 근거하여 자신의 비판적인 생각을 명확하게 말이나 글로 표현할 수 있는 능력을 길러주는 것입니다.

국제적 수준의 고급인력은 이미 40~50년 전부터 고등학교에서 예전의 대학 학부의 교육과정 정도를 교육받고 있습니다. 그래서 미국대학이 지원자에게 점점 높은 수준의 AP(대학이 고등학생에게 주는 이수증명서)를 요구하는 이유입니다. 몇 년 전에 하버드 대학 총장이 나와 그해의 인문계열 입학생들도 93%가 미적분 AP를 가지고 있다고 자랑하는 것을 들은 적이 있습니다.

우리나라 예능프로그램에서 모 대학 의대를 불시에 방문하여, 한 학생에게 공부 잘하게 된 비결을 물은 적이 있었어요. "무엇이든지 몽땅 외웠죠. 5~6번을 반복해서라도. 사진 아래에 나와 있는 깨알 같은 글씨까지도요. 그것뿐이었어요."

화들짝 놀라지 않을 수 없었습니다.

매일 칭찬만 받고 살았기 때문인지 자기 성찰 없는 모습에, 아직도 그 암기방식이 공부의 비결이라고 굳건히 믿는 당당하고 어처구니없는 무지함에,

우리나라의 고급인재가 마침내 저런 모습이라면. 절망감이 밀려왔습니다.

고교학점제의 아킬레스

서양의 고교학점제는 이미 정착된 제도입니다.

단지 동아시아 3개국은 뒤늦게 자국의 문화와 충돌하는 지점들을 면밀하게 살피며 신중히 이식하는 중입니다.

고교학점제의 성공적인 도입에는

다음 세대의 우수성을 믿으며
교육 3총사의 자율권이 커갈 수 있는
제도적 뒷받침이 절대적으로 필요합니다.

— 뜨거운 고교학점제 中

그렇더라도 고등학교 교육이 학생들의 수업선택권과 교육의 다양성을 보장하며, 교육 3총사(학생, 교사, 학부모)의 자율권이 커가는 방향성은 틀리지 않습니다.

세계를 둘러보아도 더 이상의 제도적 대안은 보이지 않습니다.

그렇다고 교육의 본질과는 전혀 관련이 없는 자유학기제(학년제) 같은, 전 세계에서 유례를 찾아볼 수 없는 제도의 고안을 장려할 수 없습니다. 더 나아가 공교육에서 글로 표현하는 논술을 교사의 강력한 피드백에 묶어 단계적으로 배워본 적이 없는 학생들에게 대학입시의 논술고사를 종용하는 제도는 학생과 학부모가 파행적인 묘수를 찾아 나설 수밖에 없게 만듭니다. 학교에서 배우지 않은 내용을 시험하겠다는 의도는 공허한 교육목표의 수사일 뿐이죠.

고교학점제의 아킬레스는 사실 제도 그 자체보다 다른 곳에 있습니다.

그것은 진화된 학생들을 지도해야 할 교사 자신이 평생 암기 위주의 교육을 받고 수직적인 교육과정 속에서 성장하여 임용고시라는 시험을 통해 교사가 되어 고교학점제 제도를 잘 알지 못하며, 학부모는 그러한 교사의 절대평가를 전문성 차원에서 신뢰하지 않을 확률이 높아 공정성 시비가 우려됩니다. 절대적인 제도적 뒷받침이 필요하다고 생각합니다.

미국 캘리포니아주 계열대학들은 그동안 학생선발 기준으로 중요하게 사용하였던 대학입학자격시험(SAT)이나 대학입학학력고사(ACT) 점수를 폐지한다고 발표하였습니다.[14]

21세기 인재는 누구입니까.

우리 다음 세대의 우수성을 믿으며 어른들이 책임져야 할 제도적 부분을 확실하게 책임지며 앞으로 나아가야 하겠습니다.

새로운 시간표의 도전

미국 고등학교 시간표

문득 고교학점제를 오랫동안 시행해 왔던 미국의 고등학교
시간표가 궁금해졌습니다.[15]

High School Start Time and Class Schedule			
START TIME 8:10			
1st Lunch		2nd Lunch	
1st Hour	8:10-9:02	1st Hour	8:10-9:02
pass	9:02-9:06	pass	9:02-9:06
2nd Hour	9:06-9:58	2nd Hour	9:06-9:58
pass	9:58-10:02	pass	9:58-10:02
3rd Hour	10:02-11:01	3rd Hour	10:02-11:01
Lunch	11:01-11:31	pass	11:01-11:05
pass	11:31-11:35	4th Hour	11:05-11:57
4th Hour	11:35-12:27	Lunch	11:57-12:27
pass	12:27-12:31	pass	12:27-12:31
5th Hour	12:31-1:23	5th Hour	12:31-1:23
pass	1:23-1:27	pass	1:23-1:27
6th Hour	1:27-2:19	6th Hour	1:27-2:19
pass	2:19-2:23	pass	2:19-2:23
7th Hour	2:23-3:15	7th Hour	2:23-3:15
Career Center Lunch 10:55			

무언가 무척 복잡해 보이네요.

아, 자세히 보니 점심시간의 배정(11:01~11:31과 11:57~12:27)이 엇갈리는, 똑같은 시간표입니다. 그렇다면 둘 중 어느 것도 상관없으니, 왼쪽 시간표를 살펴봅시다.

수업이 8시 10분에 시작해 3시 15분에 끝나는군요. 시간 총량에서는 우리나라의 고등학교와 큰 차이가 없어 보입니다.

반을 옮겨 다니며 담당교사의 수업을 듣기 때문에, 휴식시간 대신에 교실을 이동하는 4분을 패스(Pass)로 표기했군요. 그 짧은 시간에 무거운 교과서를 사물함에서 바꾸어가며, 이 반에서 저 반으로 옮겨 다니려면 우리로서는 좀 숨이 막힙니다.

점심시간이 30분? 사실 미국 공립학교 급식은 거의 일회용 용기에 담겨 나오는 패스트푸드 급의 음식이니, 그 정도면 점심시간이 충분한 걸까요.

고교학점제가 시행되면 우리도 이런 시간표를 따라야 할까요? 설마 아니겠죠.

우리 고등학교 시간표

여기 우리나라 고등학교 시간표가 있습니다(학교별로 차이가 있는).[15]

엄청 정갈하네요. 저녁 식사와 야간자율학습까지 작은 단위로 쪼개져 밤 10시까지 꼼짝없이 학교에 잡혀 있습니다. 휴식은 언제 하는 거죠? 그 옆의 일본 시간표도 우리와 대동소이합니다. 단지 종례 후에 15분짜리 붙박이 청소시간이 눈길을 끄네요.

교시	수업시간
아침조회	수업시간 전 진행
1교시	9:00~9:50
2교시	10:00~10:50
3교시	11:00~11:50
4교시	12:00~13:00
점심 시간	13:00~14:00
5교시	14:00~14:50
6교시	15:00~15:50
7교시	16:00~16:50
방과 후 학교	17:00~18:00
석식	18:00~19:00
야간 자율학습	19:00~22:00
※ 한국 고등학교 시간표	

직원조회	8:20~8:25
SHR	8:40~8:45
1교시	8:50~9:40
2교시	9:50~10:40
3교시	10:50~11:40
4교시	11:50~12:40
점심 시간	12:40~13:15
예령	13:15
5교시	13:20~14:10
6교시	14:20~15:10
SHR	15:15~15:20
청소	15:20~15:35
※ 일본 고등학교 시간표	

[수업 50분 + 휴식 10분] 칼같이 나누어진 수업시간표에서 선생님은 준비한 내용을 학생들에게 전달하는데 쫓기며 진도 나가는 데 주력하실 수밖에 없겠네요. 혹시라도 궁금한 것이 있어 손을 들고 질문하는 학생이 있거나 이해력이 다소 뒤처진 학생이 주위 친구의 도움을 받을 시간은 허락되지 않겠어요. 어떠한 생각도 수업에 방해가 된다면 집중력을 잃지 않기 위해 철저히 경계해야 하죠.

주입식은 이렇듯 학생들의 수동적 자세를 요구합니다.

고교학점제로 옮겨가게 되면 정보지식 중에서 필요한 것을 내가 판단하고 선택하여 나의 경험에서 나의 것을 만들어 가는 자율적인 작업이 중요해집니다. 같은 내용일지라도 나의 관점에서 바라보며 비판적으로 해석한 것을 다음 단계로 발전시키기 위해 친구들과 협업하며 의견을 나누게 됩니다. 현재의 시간표로는 그럴만한 시간적 여유가 전혀 없어 보이죠?

그렇다고 미국 시간표가 대안일까요.

새로운 시간표의 도전

만약 지금의 [수업 50분 + 휴식 10분]을 [수업 75분 + 휴식 15분]으로 묶으면 어떨까요?

새로운 시간표의 도전이기는 하지만 50분짜리 수업 3개를 75분짜리 2개 수업으로 나누어, 수업시간의 양적 분배에서는 문제가 없습니다. 하루에 5교시 수업으로 점심시간은 1시간입니다. 이때 선생님과 미리 약속을 정하여 짧은 상담을 진행할 수도 있습니다. 그리고 우리 문화 특유의 연대감을 위해 종례를 넣어 보았어요. 그러면 오후 4시 50분에는 하루의 일과가 끝납니다.

교시	수업시간
1교시	8:45~10:00
2교시	10:15~11:30
점심 시간(상담)	11:30~12:30
3교시	12:30~13:45
4교시	14:00~15:15
5교시	15:30~16:45
종례	16:45~16:50

수업 75분, 휴식 15분의
새로운 시간표는
교육의 보수적인 틀을 깨어
우리 아이들을 열린 인재로
만들 것입니다.

— 새로운 시간표의 도전 中

한국 학생들은 기본적으로 서양의 지식을 학습하기 때문에 이해한 것을 실질적인 나의 것으로 만드는 데 자기 내면화의 시간이 절대적으로 필요합니다. 만일 앞으로도 선생님이 가르치는 내용을 무조건 흡수만 하고 있다면, 곧바로 사양 떨어진 컴퓨터 신세로 퇴출당하고 말 것입니다.

　반드시 토론, 발표, 프로젝트 같은 수업이 아니더라도 이미 우리에게 가까이 와 있는 온라인 수업에서도 이러한 시간 분배는 새로운 공간을 열어 줄 것입니다.

수업 75분 중 마지막 15분 만이라도 친구들과 모여 배운 것을 토론하는 시간이 주어진다면, 웃고 떠드는 가운데에서 엉뚱하고 독창적인 생각들이 존중받아 색다른 분위기가 연출될 것입니다. 그리고 만일 선생님이 수업마무리에 학생들의 작은 협업모임에서 나온 누군가의 창의성을 칭찬하며 간추려 소개한다면, 매시간 일어나는 그 개인적이고 특별한 경험이 다양한 재능을 가진 친구들에게 격려가 되지 않을까요.

소속감은 매우 중요합니다.

인정받는 가운데 나와 남을 존중하는 마음은 자존감을 높이고 존경심의 실체를 알게 되죠. 그리고 그것이 바탕이 되어 실현하는 자아는 성장을 이루어 마침내 내가 가진 것을 남을 위해서도 아낌없이 나누어 보람을 느끼게 됩니다.

15분간의 휴식시간은 큰 변화로 토론의 연장선을 만들 수 있고, 또 혼자만의 평온한 시간을 확보할 수 있어 수업에서 지친 마음을 쉴 수 있는 꿀 같은 시간이 될 것입니다.

교육 분야는 워낙 보수적인 곳이어서 이러한 틀 깨기가 쉽지 않아요.

하지만 암기나 시험 요령 같은 지극히 소모적인 기계적 역량에서 빠져나오려는 용기는 사고력과 창의력 같은 생산적 역량에 주력하며, 문제를 잠시 상자 밖에서 바라보는 시선을 허락할 것입니다. 작은 도전이 성공하는 것을 함께 확인하며, 결국 열린 질문을 할 수 있는 지식정보화시대의 인재로 성장하는 우리 아이들을 만나게 될 것입니다.

수업만큼 휴식을

코로나 재발로 3차 개학연기가 발표되던 날, 학생들이 쓴 것으로 보이는 댓글이 TV 화면에 올라왔습니다.

"세상에! 내가 학교에 가고 싶다니.^^"
"이번 학기는 포기해야 하나요? ㅠㅠ"

이모티콘과 함께 올라온 짧은 문구에 학생들의 마음이 녹아 있었습니다.

늦잠자다 허둥대며 갔던 학교인데 강제로 못 가게 되자 학교에 가고 싶다고 했어요.

친구가 진정으로 그리워졌고 좌절이 거듭되었지만 내가 내 마음을 들여다보자니 잠시 머쓱했던 당황스러움도 엿보입니다.

아이는 혼자 집에서 공부하는 상황이 불만족스럽습니다.
소속이 주던 안정감, 잘했다고 눈 마주치며 어깨 두드려주던 선생님의 미소, 어려운 문제를 친구와 끙끙대고 풀어낸 후에 손이 얼얼하도록 부딪혔던 하이파이브. 그 모든 것이 생생하게 떠올랐습니다.

느슨해진 시간에 아이가 깨달은 것이 있다면, 그건 '결핍'이라는 감성.
학교가 소중한 공간이었고 작은 사회였다는 것을 느끼게 된 것입니다.

그렇다면 아이가 학교로 돌아가면, 동화 속의 주인공처럼 자신이 원하는 것을 찾아 나서게 될까요.

　상상에서 경험했던 것들을 끌어내, 친구들과 무엇인가를 함께 궁리해 보게 될까요.

　만일 원했던 것을 주위에서 발견할 수 없다면, 더 많은 친구와 힘을 합쳐 도전하겠다는 의욕으로 작은 발명가가 될 수도 있을까요.

　그때, 선생님이 필요합니다.

교육 혁신이 필요한 곳이 있다면,

그곳의 중심에는
교사가 있습니다.

— 수업만큼 휴식을 中

바로 그때, 아이를 잘 아는 선생님이 나설 차례입니다.

대면할 수도 있고, 대면하지 않아도 상관없습니다. 선생님도 아이들의 세상으로 들어와 그들의 상상의 세계에서 함께 창의적인 세계로 나가는 거죠. 마치 해리포터의 이야기처럼.

선생님은 아이가 결핍으로 이해했던 감성의 토대 위에 지적으로 더 많은 벽돌을 쌓아 올릴 수 있도록 돕는 안내자입니다.

아이라는 창조물이 소년에서 청년으로 무르익어가도록, 햇볕 있는 창가에서 물을 주고 온도를 살피며 정성을 기울이는 가장 중요한 분이죠.

혹시 아이 중에서 다음 단계로 이동하는 데 어려움을 겪는 늦깎이가 있다면, 앞서가는 아이들과 함께 그 친구를 도와 서로가 감사와 보람을 나누는 성장의 공간을 책임지는 분이십니다.

만일 교육의 혁신이 필요한 곳이 있다면, 그곳의 중심은 교사입니다.

교사의 질이 결국 교육의 질이니까요.

그런데 업무에 시달리는 선생님들의 실질적 탈바꿈이 쉽지 않아 보입니다.

　다른 시스템에서 배워 진화를 시작해야 할 때가 되었네요.

　현직에 나오시기 전에 사회가 인정하는 전문가 자질을 갖출 때가 되었습니다.

　수업만큼 학생들의 휴식을 조절할 줄 아는 선생님의 역량은 지금의 4년제 사범교육과 임용고시로는 감당하기 어려워 보입니다.

　새로운 교사양성시스템이 필요한 시점이 되었습니다.

교육전문대학원

새로운 교사양성기관의 탄생

우리나라의 교사양성기관은 해방 이후 75년간 거의 변화하지 않았습니다.

모든 분야가 힘들게 진화하여 오늘날의 우리로 성장하여왔는데, 유독 교사양성기관만 그대로 유지되어 온 이유는 무엇이었을까요?

사실 교육대학원에 대한 논의가 없었던 것은 아닙니다.[16]

좌초된 이유를 정확히는 알 수 없으나 의전이나 로스쿨과 달리, 이와 유사한 개념의 교육전문대학원을 외국사례에서 찾을 수 없어 정책적으로 작은 창의성을 실험할 힘이 부족하지 않았나 추측해 봅니다.

오늘날에도 한국의 초등학교 교사는 교육대학에서, 그리고 중, 고등학교 교사는 사범대학이나 일반대학 교직과정에서 양성하는 체제가 고착되어 있습니다.

그런데 이 고착성이 교사의 자질과 전문성을 약화하고 사회적 신뢰를 잃어, 결국 공교육이 안고 있는 부정적인 측면에 영향을 미친 것은 아닌가 의심해 볼 필요가 있습니다.

교사는 자신을 전문가로 자처할지 몰라도 오늘날 전문직은 석사학위 이상으로 교사의 전문직 지위를 사회적으로 인정받기 어렵게 되었습니다. 물론 선생님 중에는 교육대학원이나 일반대학원을 진학하여 전문성을 높이려 애쓰는 분도 있지만, 이는 현직에 나가기 전에 의사나 변호사같이 자격요건으로서 전문 교육을 받는 개념과는 다릅니다.

고교학점제가 도입되면 교사의 전문성이 수면 위로 오를 텐데 걱정입니다.

현장에는 두 유형의 선생님이 있습니다. 수업을 설계한 자료로 학생들을 가르치고, 그 결과를 꼼꼼히 생활기록부에 작성하는 교사와 과거의 암기 중심 수업을 답습하며 관행적인 생활기록부를 작성하는 교사가 뒤섞여 있습니다. 고교학점제가 시행되면 비선호과목은 폐지될 터이고 교사들의 세대교체도 이루어지겠지만, 이 변화 속에서 저항도 만만치 않을 것입니다.

교사 양성기관의 변화로 교사라는 교육의 주체가 변화하는 제도적 보완이 필요해 보입니다. 제도만 던져놓고 제도에 적응하라는 외부 압력은 부당합니다.

교육전문대학원은
외국사례에서 찾을 수 없는
새로운 개념의
교육전문가양성기관입니다.

— 새로운 교사양성기관의 탄생 中

그래서 새로운 개념의 교육전문대학원을 제안합니다.

이는 의사가 의전에서 법조인이 로스쿨에서 배출되듯이, 교사는 교전에서 배출하는 것을 목표로 합니다.

만약 사범대학과 일반대학 교직과정 이수자에게 교사자격증을 주는 현행 제도와 임용고시제를 폐지하고, 교육전문대학원 석사소지자인 졸업자에게 교사자격증을 주게 되면 현재 풀리지 않는 두 가지 난제도 해결할 수 있습니다.

첫째, 매년 사범대학과 일반대학 교직과정에서 실수요보다 5배, 10배 이상을 넘어 많은 청년이 임용고시 합격에 골몰하는 폐단을 없애고 교사의 수요와 공급을 예측하여 조절할 수 있습니다.

둘째, 대학이 양성과정에서 교수를 보조하는 조교와 연구원의 인력시스템을 갖추었듯이, 교육전문대학원도 교사를 보조하는 조교와 예비교사의 3인조 체제로 젊은 피를 수혈하여 학교 전체에 활력을 불어넣을 수 있을 것입니다.

교사는 교육의 가장 중요한 주체입니다.

그리고 시대의 변화 속에서 누구보다 먼저 진화해야 할 주체이기도 하죠.

교육전문대학원의 설립은 교사양성시스템의 구조적인 변화를 끌어내어 결국 고교학점제를 성공적으로 안착시킬 수 있는 기폭제가 될 것입니다.

교사가 되는 길

현재 우리나라의 학제는 초등(6년), 중등(3년), 고등학교(3년), 대학교(4년:학사), 그리고 대학원(2년:석사, 박사)으로 분류됩니다.

전문대학원	대학원	일반대학원
	대학교	
실업계	고등학교	인문계
	중학교	
	초등학교	
	유아, 유치원	

이러한 6 – 3 – 3 – 4 체제는 일본식입니다.

19세기 말 일본이 미국식을 택하며 학교를 세운 체제를 식민지 시대에 우리나라에도 똑같이 남기고 갔어요. 원조 격인 미국식은 정작 오늘날 우리식과 약간 차이가 있습니다.

초등학교(6년), 중학교(2년), 고등학교(4년)을 모두 중등교육의 한 단위로 묶어서, 우리나라에서 중학교 1학년은 미국에서는 7학년, 그리고 고등학교 3학년은 12학년으로 부르죠.

우리나라의 대학은 미국식입니다.

미국식은 처음에 영국식 단과대학을 본떠 만들었지만, 그후 근대 산업사회로 진입하며 독일 과학이 전 세계를 평정하자 1876년 존스 홉킨스 대학을 시작으로 시카고대학, 스탠포드 대학이 독일식의 연구중심대학으로 문을 열어 차츰 동부로 번져나갔죠. 하지만 독일식 대학을 미국에 이식하기에는 결정적인 문제가 있었어요.

이민자의 나라인 미국 고등학교 졸업생의 학력 수준은 독일과 같이 고르지 못했습니다. 더 나아가 고등학교에서 배운 기초과목의 실력으로 곧바로 대학에서 연구를 시작할 만큼의 수준에도 도달하지 못하여, 미국은 독일과 다르게 대학을 학부와 대학원으로 나누고 학부의 저학년에 광범위한 교양과목 수업을 개설하였죠. 그리고 학생들의 지적 토대가 되는 일반교양 수준을 끌어올리는 데 꾸준한 노력을 기울였습니다.

  그리고 학부 고학년에서 전공과목을 심도 있게 공부한 후 연구에 뜻이 있는 학생은 일반대학원으로 진학하여 석사, 박사학위과정을 계속하여 미래의 대학교수 인력으로 성장하게 되죠. 한편 대학 졸업 후 로스쿨이나 메디컬스쿨과 같은 전문대학원에 들어가 직업별 전문가로 연마할 수 있는 독특한 미국식 대학구조를 완성하게 됩니다.

교육전문대학원의 위상

새로운 개념의 교육전문대학원(Education School)은 현재 우리나라에 존재하는 로스쿨이나 의전원과 같은 전문대학원으로 우리나라의 교육시스템에 녹아 들어가는 데 전혀 무리가 없습니다.

교육전문대학원 위치는 대학원을 중심으로 오른쪽의 전문대학원인 로스쿨이나 의전과 같은 위치에 놓입니다. 다시 한 번 강조하지만 로스쿨이나 의전원이 법조인(판사 검사 변호사)나 의사 같은 전문인을 배출하듯이 교육전문대학원은 교육전문가(교사)를 배출하기 위해 교육과 실습을 포함한 2년의 석사과정을 이수하는 교육전문가양성기관입니다.

일반대학원 (다양한 전공의 대학원)	대학원	전문대학원 (로스쿨, 의학전문대학원, 교육전문대학원)

교육전문대학원의 구성

교육전문대학원 응시자격은 학사학위 소지자(전공 관계없음)로 합니다.

프로그램은 1년간의 학과목 이수와 1년간의 교생실습을 거쳐 논문을 제출하여 통과하면 석사학위를 취득하게 되죠. 그이후 자신의 적성에 맞는 학교단위를 선택하여 1차 국가고시에 응시하여 합격하면, 자동으로 예비교사 명단에 올라 전국어느 학교에서나 채용될 수 있습니다.

예비교사 2년 수습 기간에는 학교 현장에 준교사의 자격으로 학생들을 가르치며 현직 교사들과 어울려 다양한 프로젝트에 참여할 수 있습니다. 2년간의 수습 기간을 마치면, 예비교사는 2차 국가고시인 면접시험에 응시할 수 있습니다. 여기에서 교사가 되기 위한 자질(이는 국가 정체성과 관련되어 조심스럽지만)을 다시 한번 점검하게 됩니다.

교육전문대학원은 로스쿨이나 의전원처럼
교육전문가를 배출하기 위해
교육과 실습을 포함한 2년의 석사과정을
이수하는 전문대학원입니다.

— 교사가 되는 길 中

자질요건에는 긍정적인 성격, 뛰어난 대인관계, 교사로 헌신하는 자세 등이 포함되며, 심사관들은 응시자의 개별번호에 입력된 [1년 대학원 교생실습과정+2년 예비교사 과정]의 3년간 자료를 바탕으로 광범위한 마지막 평가를 하게 됩니다. 마지막 관문을 통과하면, 드디어 교사 명단에 올라 전국 어느 학교에서나 채용될 수 있습니다.

교육전문대학원은 교육전문가가 되기 위해 고등교육기관인 대학원에서 준비하는 기간으로 이론과 실습을 겸비한 균형 있는 교육과정을 지향합니다. 자신의 논문을 써 보는 연구 경험이 21세기형 교사가 거쳐야 하는 가장 중요한 조건이 될 것입니다.

누군가는 석사학위로 가방끈만 늘리는 것이 아니냐는 의문을 제기하는 분도 있습니다. 하지만 논문작성과정에서 자기극복의 심리적인 고비를 넘겼던 경험이 아이들의 교육에도 직접적인 영향을 미치며 도움을 주게 될 것입니다.

논문을 쓸 때, 누구나 예외 없이 맞닥트려야 하는 좌절이라는 괴물이 있죠.

이론을 바탕으로 자신만의 가정을 세우고 이를 증명해 가는 과정은 쉽지 않습니다. 몇 번이나 어려움에 부딪히며 때로는 밑바닥까지 떨어져 존재에 대한 회의가 일어나기도 하죠.

바로 그 시점.

자신이 누구인지를 알게 되고 용기를 가지고 매듭을 지어 결과물을 낼 수 있어야 합니다.

이것이 최고가 아닌 최적을 찾아내는 힘입니다.

그 깨달음이 교사가 되었을 때, 다양한 아이들의 어려움을 발견하고 함께 해결하며 최적을 향해 함께 나아가는 데 결정적인 역할을 할 것입니다.

3인조 교사공동체

교육전문대학원 제도가 정착되면, 좋은 점이 참 많습니다.

그중에서도 학교 현장의 학생과 현직교사는 대학원 교생과 예비교사와 같은 젊은 피를 직접 수혈받게 되죠.

현직교사, 대학원 교생, 예비교사가 이루는 교사 3인조 팀은 협동체로 이루게 되면, 학생들은 학교에서 다양한 층위의 어른들로부터 주목을 받으며 필요한 적시, 적소에서 개별지도나 개별평가를 받을 수 있습니다.

3인조 교사팀의 활약

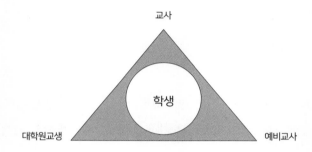

그동안 성적 좋은 소수의 아이가 관심 대상이었다면, 이제
는 학생 각자가 자질에 따라 인정받으며 선생님들의 지지와
후원을 받게 됩니다. 3인조로 구성된 교사팀은 다른 교사팀
과 소통하고 상호존중하는 분위기에서 협업하여, 학생들의 관
심사를 공유하고 더 큰 프로젝트를 수행하기 위한 아이디어를
발전시킬 수 있습니다.

이는 결국 활력 있는 수업시간과 차분한 휴식시간으로 이어져, 학생들은 다양한 선생님들과 온라인과 오프라인을 통해 격의 없이 질문하면서 자신의 창의적인 측면을 거침없이 보여주게 되는 더 많은 기회가 가능해질 것입니다.

교실 수업은 정교사와 예비교사가 담당하는 것을 원칙으로 하고, 온라인 수업은 디지털 플랫폼에 익숙하고 스마트폰을 신체 일부처럼 사용하는 신인류에 가까운 대학원 교생과 예비교사가 담당하면 좋겠네요. 학생들이 자가주도학습을 위해 만드는 로드맵을 지도해 주면서 개인 맞춤형 학습을 더 강화할 수 있다면, 모든 학생이 마침내 표준학습과정대로 진도를 따라가는 수업의존도는 크게 줄어들게 될 것입니다.

존경받는 전문교육가가
학생 모두를 자질에 따라 지지한다면

공교육은 학습이 아닌
탐구의 지적 과정으로
진화하게 될 것입니다.

― 3인조 교사공동체 中

제발 늦깎이들도 숨 쉴 수 있는 세상을 만듭시다!

교직은 전문직으로 국민에게 신뢰받고 존경받는 직업이어
야 합니다.

초, 중, 고등학교에서 활기찬 3인조 교사팀과 어울려 공부를
할 수 있다면, 우리 아이들의 학교생활은 자신의 경험 속에서
지식을 비판적으로 받아들이며 재조직하는 지적 토대를 튼튼
하게 쌓아갈 것입니다.

21세기 정보기술시대에 들어선 지 벌써 20년이 지났습니다.

그간 화제의 중심은 단연 인공지능이었죠.

그런데 인공지능은 왜 아무리 깊게 공부하여도 학습(딥러닝 DeepLearning)한다고 하지, 탐구(스터딩 Studying)한다고는 하지 않을까요?

그 차이는 '생각'에 있습니다.

인공지능은 엄청난 데이터를 뒤져 가장 합리적인 사람이 찾아낼 최적의 지점을 제시하며 유용성으로 가치를 평가받습니다. 하지만 인간은 어려운 문제에 부딪혔을 때 어떻게 해결해

야 할지 생각하며, 생각을 통해 문제를 풀어나가려 노력합니
다.

하나의 지적 흐름

코로나 사태로 어수선한 가운데 교육을 생각하였습니다.

그동안 준비해 왔던 고교학점제가 2025년에 전면적으로 도
입된다고 하여 다행스러웠습니다.

그런데 초등학교에 다니는 자녀를 둔 학부모조차 고교학점
제에 대해 아는 바가 없다고 하더군요. 무척 안타까웠습니다.
새로운 제도의 도입을 불편해하는 일부 선생님들은 정권이 바
뀌면 제도 자체가 무산될지 모른다고 호언장담하여 깜짝 놀라
기도 하였습니다.

그런 일은 없을 것입니다.

고교학점제는 하나의 지적 흐름이니까요.

사실 이 제도의 성공 여부는 선생님들의 역량에 달려 있습니다. 그래서 우리나라의 교사도 로스쿨이나 의전에서 판사와 의사가 배출되듯이, 전문양성기관에서 교육전문가로 거듭나는 교육단계를 제도적으로 뒷받침할 때가 되었다고 생각합니다.

탐구의 지적과정

공교육은 탐구의 과정이어야 합니다.

우리나라의 교육제도에서는 그동안 '생각'하지 않아도 12년의 공교육을 마치는 것이 가능하였습니다. 혼자 힘으로 이치를 깨닫는 사람도 있겠지만, 인간은 혼자일 때보다 여러 사람이 함께 협력할 때 분명 더 큰 것을 얻게 됩니다.

저는 우리 아이들이
자신의 개성을 펼치며 성장했으면 좋겠습니다.
좋은 선생님도 많이, 많이 만났으면 좋겠습니다.

대한민국의 새로운 공교육 탄생을 기다리며
고교학점제를 검토한 후 교육전문대학원을 제의해 보았습니다.

이에 대한 우려의 목소리가 있는 것, 잘 알고 있습니다.
그러나 우리 후속세대의 우수성을 믿고
그들이 살아갈 미래의 세상으로 큰 발자국을 내디뎠으면 합니다.

보충설명을 읽어볼까요?

보충설명

1. 통계자료는 한국교육신문 칼럼 '고교학점제 학생종합전형으로 변질되나?'(2020. 2. 28)에서 발췌하였습니다.

2. 이탈리아 작가 파올로 조르다노는 봉쇄된 로마에서 한 달간 코로나를 겪은 기록을 《전염의 시대를 생각하다》로 출간하였습니다. 26개국에 동시 번역되었고, 우리나라에서도 2020년 4월 10일에 출간(김희정 옮김 은행나무, 2020)되었죠.
전 세계가 우왕좌왕할 때 작가는 앎을 통제하는 가운데 자유롭게 사유하며 창의적인 방식으로 자신의 메시지를 빠르게 전 세계에 전달하였습니다. 저는 그의 글에서 감명을 받았지만, 그보다 그의 작가적 태도에서 21세기 출판의 미래를 발견하여 새로운 힘이 솟기도 하였습니다. 그래서 저의 첫 소제목은 오마주 - '전염의 시대'입니다.

3. '최적'은 우리말이 아닌 데다가 개념까지 불투명하여 일상에서 사용하기가 불편합니다. 최적은 문자 그대로 적절함을 뜻하지만, 어떤 성과가 유용성의 가치가 드러낼 때 바로 거기에서 일단의 매듭을 짓는 은유이기도 합니다.

최적은 최근 유행어인 '자기 효능감'(캐나다 심리학자 알버트 반두라가 1977년에 창안한 심리학 용어)과도 관련이 있습니다. 젊은이들은 근거 없이 자신을 높게 평가하는 것을 '근자감(근거 없는 자신감)'이라 하더군요. 그렇습니다. 최적은 처음부터 최고가 되겠다는 딱딱한 의지보다 자신만의 작은 성공(근거)을 발판삼아 자신감을 얻고, 그렇게 축적된 힘으로 큰 성공을 이루어 마침내 자신의 꿈에 도달하는 아주 매력적인 현대어입니다.

4. 고교학점제의 평가 부분에서 언제부터인가 교사의 '절대평가'라는 명시적 표현이 빠져 있어 이 부분을 확실히 짚고 넘어가려 합니다.

교육부 자료의 흐름도에서 5단계(학생평가)를 보면 [수업과 연계한 과정 중심 평가/교사별 평가/성취평가제 적용]이 보입니다. 이것이 바로 교사의 절대평가를 뜻하고, 결과에 따라 [이수/미이수(낙제)]로 나뉘어 미이수는 보충프로그램을 들어야 합니다. 6단계(학점취득)에서 학생은 일정 기준의 학점을 취득하여야만 7단계의 졸업을 할 수 있지요. 만일 학점이 부족하면 고등학교를 3년 이내에 졸업하지 못할 수도 있습니다.

오래전부터 고교학점제를 도입하였던 미국, 캐나다, 프랑스, 영국, 핀란드, 싱가포르에서는 학점 부족이나 졸업시험 낙방으로 3년 이내에 고등학교를 졸업하지 못하는 경우가 적지 않습니다. 프랑스에서 낙제는 사회적으로 큰 무리 없이 수용되는 제도인데, 우리나라 학부모들은 과연 이를 정서적으로 쉽게 받아들일 수 있을까요?

5. 미국교육시스템에 관한 최근 정보는《공부의 배신 - 왜 하버드생은 바보가 되었나》(윌리엄 데레저위츠 지음/김선희 옮김 다른, 2015)의 〈2장 무엇이 우리를 양으로 만들었을까〉와 〈4장 1등급

목장, 명문대의 실제〉를 참고하였습니다.

6. 고교학점제의 기원과 다른 나라의 상황을 좀 더 알고 싶다면, 교육부 사이트의 '고교학점제 이야기'로 들어가셔서 EBS 《지식채널ⓔ》의 짧은 비디오 영상 '7년간의 실험 #001'(4분 57초)를 보시면 도움이 됩니다. 고교학점제를 교육 혁신을 위한 시대적 흐름으로 소개하고 있습니다.

7. 젊은 시절의 존 듀이는 민주주의에 대한 열망으로 학교제도와 시민사회를 개혁하고자 하였습니다. 듀이의 교육철학이 명료하게 드러나는 《학교와 사회(The School and Society)》 읽기를 추천합니다.

8. 프랑스와 핀란드의 사례는 《기울어진 교육 - 부모의 합리적 선택은 어떻게 불평등을 심화시키는가?》(마티아스 도프케와 파브리지오 질리보티 지음/김승진 옮김 메디치, 2020)의 〈9장 학교 시스템

이 미치는 영향〉을 참조하였습니다.

9. 핀란드 국민이 피땀으로 성취한 교육개혁의 30년 역사가 《핀란드의 끝없는 도전》(파시 살베르그 지음/이은진 옮김 푸른숲, 2016)에 지금도 생생한 자료로 남아있습니다.

10. 잘 알려진 매슬로의 5단계 욕구(Needs)이론에서 인간은 기본적인 안전이나 안정감이 확보되어야 자신의 욕망을 더 높은 차원으로 펼쳐나갈 수 있다는 것을 보여줍니다. 하위단계별 욕구가 모두 충족되어야만 상위 단계로 "발달"할 수 있는지, 전적으로 동의할 수는 없습니다. 하지만 남을 존중하여야 내가 인정받고 존경받으며 지위, 명예를 얻게 되는데, 이는 아래 세 단계의 안전, 안정, 소속감이 받쳐주어야 한다는 데에는 반박의 여지가 없습니다.

특히 가장 높은 단계에서 개인의 자아실현뿐 아니라 공동체에서 함께 나누는 "삶의 보람"이라는 표기는 도표의 완성도를 보여쭙니다.

11. 엠파시의 중요성에 대해 모르는 사람은 없지만, 우연히 일화 속에서 이와 관련된 보석 같은 설명을 발견하면 빨리 전하고 싶어집니다.

《나는 옐로에 화이트에 약간은 블루》(브래디 미카코 지음/김영현 옮김 다다서재, 2020)은 영국인 트럭운전사와 결혼한 일본 이민자가 아들을 집 근처 노동자계급 중학교에 보내며 겪는 1년간의 이야기입니다. 잔잔한 목소리이지만 빈부격차, 인종차별, 성소수자 등의 복잡한 문제를 유쾌하고 여유 있는 모습으로 다루는 솜씨에 감탄했습니다.

아들이 시민교육(Citizenship Education) 과목의 시험문제인 '엠파시란 무엇인가?'에 대해 엄마와 나누는 대화 장면(82 - 88쪽)은 그 어느 전문가의 설명보다 탁월하다고 생각합니다.

12. '1세대 인공지능'은 '1차' 인공지능의 시대를 가리킵니다.

《노동의 시대는 끝났다 – 기술 빅뱅이 뒤바꿀 일의 표준과 기회》(대니얼 서스킨스 지음/김정아 옮김 와이즈베리, 2020)에서 〈1차 AI 물결: 인간을 모방하려는 시도〉(68쪽)라고 표기한 데에서 영감을 받았습니다.

13. '~ness'는 우리말로 '~다움'으로 번역합니다. 그러나 영어 'White~ness'를 우리말의 '흰~다움'으로 쓸 수는 없습니다. 우리나라에서는 이때 하얀색의 피사체들을 열거하며 설명하여, 한강 작가의 소설 《흰》(난다, 2016)에는 눈, 소금, 목련, 서리, 각설탕, 뼈, 전구, 종이, 소복 등 40개 아이템으로 작성된 목록이 등장합니다.

'~ness'가 속성을 뜻하다 보니 '~성'으로 번역된 경우도 보았습니다. 영국에서 남성복을 만드는 김동현(런던 새빌 로의 한국인 테일러)씨는 유럽 멋쟁이 나라들의 옷 입는 방식을 비교하며, 'Englishness'를 우리 말 '영국성'으로 번역하였습니다. 어투에서 번역어의 느낌을 지울 수는 없죠? 더 나아가 '영국성'에 대한 판별 방식을 "수치화하고 정형화된 원형(프로토타입)의 규칙을 따르지만, 그것을 아슬아슬 벗어나는 팽팽한 긴장감 속에서 순간적으로 피어나는 어떤 것"이라고 설명했을 때에는 이 단어의 묘사가 얼마나 어려운지 실감할 수 있었습니다.

14. 미국 캘리포니아 대학교(University of California: UC) 이사회는 4년 이내에 독자적인 입학시험을 개발하고 향후 5년간 SAT와 ACT를 폐지해 나가는 안을 만장일치로 승인하였다 합니다. UC는 10개 캠퍼스를 가진 대규모 공립대학교로 이번 결정이 미국의 다른 대학에도 영향을 미칠 것으로 월스트리트(WSJ)는 내다보았습니다.
미국이 시험보다는 고교 내신이 더 정확하고 공정한 입시 근거라며 제도를 바꾸고 있을 때, 우리나라는 수시입학비율을 상향 조정하여 정반대 방향으로 가는 정책을 발표하였습니다.

15. 고교시간표는 사이트에서 찾았습니다. 모든 학교에서 통

용되는 시간표는 아니지만, 비교작업을 위해 표준이 될 수 있는 시간표를 찾으려 노력하였습니다.

16. 2003년 대통령직인수위 보고서에서 교육대학과 사범대학을 통합안을 추진하겠다는 보고가 있었습니다. 2008년에는 한나라당 의원이 교육전문대학원을 추진하여 18대 정기국회에서 처리하겠다 하여, 한때 공청회가 열리는 등 교육계의 비상한 관심이 쏠렸던 것으로 알고 있습니다.

감사의 글

이 책은 초고를 토대로
아우들과 토론을 거쳐 완성하였습니다.

문록선은 구조적인 문맥의 허점을 날카롭게 지적해 주었고
문화선은 산뜻한 우리말을 찾아 글의 묘미를 살려주었으며
문정춘은 표지도안과 그림디자인으로 힘을 보태주었습니다.
모두, 모두 고맙습니다. 깊은 감사를 드립니다.

하늘에 계신 부모님도
우리 형제의 공동작업을 무척 기뻐하셨을 것입니다.

그리고 시간 압박 속에서도 멋진 책을 출간하여 주신
북산에 저의 진심을 담아 감사한 마음을 전합니다.
고맙습니다.